**Karlheinz Barth**

# Schulfähig?

## Beurteilungskriterien für die Erzieherin

**Herder**
**Freiburg · Basel · Wien**

Herausgegeben von Marta Högemann

Gedruckt auf umweltfreundlichem,
chlorfrei gebleichtem Papier

6. Auflage


Textverarbeitung: G. Scheydecker, Freiburg im Breisgau
Druck und Bindung: Freiburger Graphische Betriebe 1999
ISBN 3-451-26771-3

# Inhalt

# Zu diesem Buch

In den Tageseinrichtungen für Kinder gibt es Probleme, die jedes Jahr von neuem angegangen werden müssen. Dazu gehört die Frage, ob alle Kinder, die in die Schule kommen sollen, auch schulfähig sind.

Erzieherinnen sind Gesprächspartnerinnen für Eltern, Lehrerinnen und Lehrer, die sich ebenfalls mit der Frage der Schulfähigkeit beschäftigen. Deshalb müssen sich Erzieherinnen kundig machen über die Schulfähigkeit und die damit zusammenhängenden Fragen.

Erzieherinnen sind keine Therapeutinnen, aber sie können durch zuverlässige Beobachtungen über einen längeren Zeitraum hinweg dazu beitragen, daß die Ursachen für mögliche spätere Lernstörungen frühzeitig erkannt werden. Im Einverständnis und in Zusammenarbeit mit den Eltern können sie mithelfen dazu, daß die betroffenen Kinder rechtzeitig die fachliche Hilfe erfahren, die sie in dieser Situation brauchen.

Dieses Buch möchte Erzieherinnen in der Beurteilung der Schulfähigkeit kompetenter machen. Das kommt nicht nur ihnen selbst zugute, sondern auch der Zusammenarbeit mit Eltern, Lehrerinnen und Lehrern und nicht zuletzt natürlich den Kindern.

Marta Högemann

# Vorwort

Für die Kinder beginnt mit dem Eintritt in die Grundschule ein neuer Lebensabschnitt. Die meisten Kinder bewältigen den Übergang vom Kindergarten zur Grundschule und die auf sie zukommenden schulischen Anforderungen ohne größere Schwierigkeiten. Aber eine nicht unerhebliche Anzahl von Kindern entwickeln Lernstörungen, die ihre weitere psychische, emotionale und schulische Entwicklung nachhaltig beeinträchtigen. Die Einschätzung bzw. Beurteilung der Schulfähigkeit setzt voraus, daß dem Diagnostiker (Erzieherin, Lehrer) die Einzelfunktionen bekannt sind, die zur Bewältigung einer bestimmten komplexen Aufgabenleistung erforderlich sind.
Anliegen dieses Buches ist es, die wichtigsten Bereiche der kindlichen Entwicklung darzustellen, auf die bei der Feststellung der Schulfähigkeit zu achten ist, und die Fähigkeiten und Lernvoraussetzungen zu erkennen, die zur Bewältigung der schulischen Anforderungen notwendig sind. Da alle Lernprozesse von einer gut funktionierenden Wahrnehmung und Wahrnehmungsverarbeitung abhängen, sollen Möglichkeiten aufgezeigt werden, Wahrnehmungsstörungen bei Kindern zu erkennen und sie

zu interpretieren. Das Wissen um die Zusammenhänge verschiedener Wahrnehmungs- bzw. sensorischer Integrationsstörungen und ihrer Auswirkungen auf schulische Lernprozesse eröffnet die Möglichkeit, Lernstörungen früh zu erkennen, so daß die Chance besteht, Kindern rechtzeitig zu helfen, ohne daß bereits frustrierende schulische Mißerfolge ihre Entwicklung belasten.
Die Diagnostik von sensorischen Integrationsstörungen soll so früh wie möglich beginnen, damit Kinder nicht erst in den Teufelskreis von Schulversagen und Schulunlust geraten. Früherkennung muß bereits im Kindergarten erfolgen.

# I. Vom Kindergarten zur Grundschule

## Risiken und Chancen des Übergangs

Für das Kind ist der Schritt vom Kindergarten in die Grundschule und die Erfahrung, die es damit macht, ein einschneidender Abschnitt seines Lebens. Auch Eltern setzen große Hoffnungen in das Gelingen dieser Phase, weil sie die ersten Lernschritte ihres Kindes als grundlegend und wesentlich für die weitere Schullaufbahn ansehen. Schulanfänger kommen in der Regel mit einer positiven Erwartungshaltung in die Schule. Sie versprechen sich von ihrer neuen Rolle einen Zuwachs an Kompetenz und Selbständigkeit. Manche Kinder gehen auch mit Ängsten auf die Einschulung zu, da sie nicht wissen, welche Anforderungen sie in der Institution Schule erwarten. Die Erfahrungen der ersten Schulwochen und -monate sind für die Kinder ganz besonders bedeutsam. Ein mißglückter Schulstart und die Entwicklung von Lernschwierigkeiten zu Beginn des Erstunterrichts sowie die Art und

Weise, mit der die Kinder und ihre Eltern mit diesen Schwierigkeiten umgehen, können das Selbstwertgefühl der Kinder, ihre Lernfreude, ihre positive Einstellung zur Schule und damit ihre ganze weitere Schullaufbahn negativ beeinflussen. Die Notwendigkeit eines guten Schulanfangs darf aber nicht verengt auf den punktuellen Schuleintritt gesehen werden, sondern es muß die Lerngeschichte eines jeden Kindes im Vorschulalter, die Übergangsphase zwischen vorschulischem und schulischem Bereich sowie die Entwicklung nach Schulbeginn berücksichtigt werden. Für die meisten Kinder ist der Übergang vom Kindergarten zur Grundschule relativ unproblematisch, und sie bewältigen diesen neuen Schritt ohne größere Probleme.
Der Eintritt in die neue Lebenswelt „Schule" bringt für alle Kinder eine Reihe von einschneidenden Veränderungen und Anforderungen mit sich:

– Die Kinder müssen Abschied nehmen von Lebensgewohnheiten des Kindergartens, von vertrauten Erzieherinnen, Kindern und Räumlichkeiten.
– Sie kommen von einer Spielwelt in eine Lernwelt, in der sie sich sowohl im inhaltlichen als auch methodischen Bereich an andere Lehrformen und Lerninhalte gewöhnen müssen. Im Vordergrund steht die Vermittlung der Kulturtechniken Lesen, Rechtschreiben und Rechnen.
– Die Sprache wird dabei wichtigstes Medium schulischer Aktivität. Während im Kindergarten das spielerische Erproben und Lernen vorherrschte, ist Unterricht normalerweise durch die stark verbale Vermittlungsform von Lerninhalten gekennzeichnet.

– Die Kinder müssen neue Verhaltensregeln lernen und erleben einen bis dahin nicht gekannten Sitzzwang. Die Phasen des „Sitzenbleiben-Müssens“ und des „Zuhören-Müssens“ verlängern sich und erfordern Konzentration und ein geschultes Hörverhalten.
– Die Kinder müssen ihre Kontakt- und Äußerungswünsche während des Unterrichts zurückstellen und haben geringere Möglichkeiten, Wünsche und Bedürfnisse spontan zu äußern und zu befriedigen.
– Ihre Arbeit wird bewertet, die Kinder müssen verstärkt Tadel und Kritik an den Ausführungen ihrer Arbeit verarbeiten.
– Die Kinder werden in stärkerem Ausmaß mit vorgeschriebenen Aufgaben konfrontiert, die unter Umständen ihrer emotionalen Gefühlslage zuwiderlaufen.
– Mit dem Eintritt in die Schule steigen die Erwartungen der Eltern an die Lern- und Leistungsbereitschaft. Leistungsbewertung und Leistungsbeurteilung verändern zum Teil auch die Beziehung der Eltern zu dem Kind, entweder positiv oder negativ.
– Die Kinder kommen in eine neue Gruppe, in der sie ihren Platz, ihre Rolle und ihre Beziehung erst wieder neu finden müssen.

Aus wissenschaftlichen Untersuchungen wissen wir aber auch, das nahezu ein Fünftel aller Kinder mit mehr oder minder ausgeprägten Mißerfolgserlebnissen beginnt:

Etwa 8–12 % aller schulpflichtigen Kinder werden als „nicht schulfähig“ zurückgestellt, entweder noch vor der tatsächlichen Einschulung oder in der Regel

nach einer meist sechswöchigen Beobachtungsphase im Erstunterricht. Für die betroffenen Kinder und deren Eltern ist diese Form der Zurückstellung am schmerzlichsten. Das Kind muß eine Klassengemeinschaft verlassen, in die es sich gerade eingewöhnt hat. Es muß sich wieder auf eine neue Gruppe von Bezugspersonen (z.B. in Grundschulförderklasse/Schulkindergarten) einstellen. Sowohl Eltern als auch Kinder erleben diese Zurückstellung zunächst als massives Mißerfolgserlebnis, verbunden mit dem Gefühl des Versagens und dem Verlust des Selbstwertes. Obwohl die Befreiung von schulischer Überforderung für viele Kinder letztlich eine Entlastung bedeutet, sind sie doch in ihrem Selbstvertrauen erschüttert. Ebenso nachdenklich muß es einen stimmen, wenn ein nicht unerheblicher Anteil von Kindern zwar als „schulfähig" eingeschult wird und diese Kinder zunächst scheinbar den Schulanfang gut meistern, dann aber im Laufe der ersten beiden Grundschuljahre in immer größerem Ausmaß Schwierigkeiten im Lesen, Rechtschreiben und/oder Rechnen bekommen, so daß sie unter Umständen eine Klasse wiederholen müssen.
Trotz dieser Lernschwierigkeiten haben viele dieser Kinder eine durchschnittliche bis überdurchschnittliche Intelligenz. Die Tatsache, daß ein Kind in vielen anderen Dingen als kreativ und intelligent erlebt wird, aber beim Rechnen-, Schreiben- und Lesenlernen besondere Schwierigkeiten hat, verwirrt viele Eltern und löst zwiespältige Gefühle bei ihnen aus.
Für eine nicht unerhebliche Anzahl von Kindern beginnt deshalb die Schulzeit mit den Erfahrungen des Mißerfolgs und des Scheiterns. Statt Kontinuität erleben sie in ihrem neuen Lebensfeld Schule einen

deutlichen Bruch, und nicht selten lösen diese schulischen Schwierigkeiten tiefgreifende Krisen innerhalb des Familiensystems des Kindes aus. Zu viele Kinder beginnen ihre Schullaufbahn mit Schwierigkeiten.
Aus diesem Grund erscheint eine Verbesserung der Schuleingangsdiagnostik dringend erforderlich. Sie sollte breits im Kindergartenalter erfolgen.

## Kooperation Kindergarten – Grundschule: Realität oder Wunschtraum?

Nach der im Jahre 1977 gefällten Entscheidung der Kultusministerkonferenz zur Trennung zwischen Elementarbereich (= Kindergarten) und Primarbereich (= Grundschule) bei Wahrung der Eigenständigkeit und des jeweils spezifischen Erziehungs- und Bildungsauftrages beider Institutionen wurden eine Reihe von Vorschlägen zur Zusammenarbeit von Kindergarten und Grundschule gemacht. Um den Übergang zwischen zwei zunächst relativ unverbundenen Bildungseinrichtungen zu erleichtern bzw. um die Kontinuität in der Entwicklung der Kinder sowie einen gleitenden Übergang zu gewährleisten, wurden verschiedene Kooperationsformen vorgeschlagen, u. a.

– die Bildung von Arbeits- und Gesprächskreisen zwischen Erzieherinnen und Lehrerinnen, der Austausch über Ziele, Inhalte, Methoden beider Bereiche;

– der Besuch und die Hospitation der schulpflichtigen Kinder in ihrer neuen Schule;
– gemeinsame Fortbildungen;
– die Durchführung von Elternabenden zu bestimmten Themen;
– die Gestaltung eines an den kindlichen Bedürfnissen orientierten Erstunterrichts;
– die wechselseitige Hospitation von Lehrerinnen und Erzieherinnen, um den Arbeitsstil des Kindergartens bzw. der Grundschule kennenzulernen bzw. zum Kennenlernen der Schulanfänger.

Dabei sollte die personelle Kooperation zwischen Erzieherinnen und Lehrerinnen das wichtigste Instrument für eine Annäherung oder intensive Zusammenarbeit beider Bildungsbereiche sein.
Vergleicht man aber Anspruch und Wirklichkeit, so zeigt sich vielerorts doch ein eher ernüchterndes und enttäuschendes Bild. Die Kooperation Kindergarten – Grundschule ist, wie sie sich in der alltäglichen Praxis darstellt, wenig ermutigend.
Das ist insbesondere deshalb bedauerlich, weil kein Zweifel daran besteht, daß eine gute, sach- und kindbezogene Zusammenarbeit zwischen Erzieherinnen und Lehrerinnen eine wesentliche Voraussetzung für einen erfolgreichen Einschulungsverlauf darstellt. Die sich in der Realität abzeichnende Zusammenarbeit beschränkt sich häufig auf formale Aktivitäten, z.B. die Durchführung eines gemeinsamen Elternabends oder den Besuch der Kindergartenkinder in „ihrer“ Schule. Die Gründe für die mangelnde Kooperation sind meines Erachtens recht vielfältig:

– Die durch eine enge Kooperation entstehende, zeitlich schwer zu bewältigende Mehrarbeit wird durch die bestehenden Rahmenbedingungen nicht aufgefangen. Nur an den guten Willen von Erzieherinnen und Lehrerinnen zu appellieren genügt nicht;
– Erzieherinnen fühlen sich häufig gegenüber Lehrerinnen nicht als „gleichwertig" anerkannt, so daß Berührungsängste entstehen;
– überhöhte Erwartungen an die jeweils andere Institution und damit verbundene Enttäuschungen;
– unterschwellige Ängste beziehen sich auch darauf, die mühsam erworbene Eigenständigkeit zu verlieren, sowie Befürchtungen vor einer erneuten „Verschulung" der Kindergartenpädagogik;
– letztlich ist der offenkundige Mißerfolg auch auf die realen Strukturen des Bildungswesens zurückzuführen, bei denen Kindergarten und Grundschule eigenständige Bildungsbereiche mit unterschiedlichen Bildungsaufträgen, Organisationsformen und Methoden sind. Die Trennung beider Bereiche birgt das Risiko, daß jeder mangels institutioneller und pädagogischer Verzahnung nur auf seinen eigenen pädagogischen Bereich fixiert bleibt. Vielleicht lassen sich in Zukunft Verbesserungen erzielen, wenn man Rahmenbedingungen verändert, wie Übergangsmodelle in unseren Nachbarländern (z. B. in den Niederlanden, in Frankreich oder der Schweiz) zeigen.

## Verschiedene Einschulungsverfahren – und ihre Folgen

Das praktische Einschulungsverfahren und die Entscheidung über Einschulung bzw. Zurückstellung eines Kindes vor oder nach Schulbeginn haben die einzelnen Bundesländer mit unterschiedlicher Akzentsetzung geregelt. In einigen Bundesländern wird über eine Zurückstellung bzw. über die „Schulfähigkeit" eines Kindes im Prinzip erst nach der Einschulung entschieden. Ausgenommen davon sind medizinisch begründete Zurückstellungen vor Schulbeginn. Hinter dieser Konzeption steckt die Grundüberlegung, daß der im Anfangsunterricht stattfindende Anpassungsprozeß zwischen Kind und schulischen Anforderungen erst nach eingehenden Beobachtungen und nach Ausschöpfung der individuellen Förderung des Kindes als gescheitert betrachtet werden kann.

In einigen anderen Bundesländern soll die Frage der Schulfähigkeit möglichst vor der Einschulung geklärt werden, um bereits eingeschulten Kindern das frustrierende Versagenserlebnis einer Zurückstellung aus der Anfangsklasse zu ersparen.

Beide Einschulungskonzepte berufen sich auf psychologische und pädagogische Erkenntnisse, wobei die Vor- und Nachteile beider Konzeptionen bei genauer Betrachtung rasch deutlich werden.

Das Einschulungskonzept, bei dem die Schulfähigkeit eines Kindes erst nach einer eingehenden Beobachtungsphase im Erstunterricht festgestellt wird, hat den Vorteil, daß zunächst einmal allen Kindern die Chance gegeben wird, sich in ihrem neuen Lebensumfeld Schule bewähren zu können. Die Grundschule steht somit in der Pflicht, alle Kinder aufzunehmen, sie individuell zu fördern und möglichst flexibel auf die Schulanfänger mit ihren unterschiedlichen Voraussetzungen einzugehen. Die Hauptproblematik dieses Einschulungskonzepts liegt darin, daß

- sowohl Kind als auch Eltern das „Zurückstellen" nach dem sechswöchigen Beobachtungszeitraum als massive Versagens- und Mißerfolgssituation erleben. Leichter für Kinder und Eltern ist es, wenn die Zurückstellung des Kindes bereits vor der Einschulung ausgesprochen wird. Die pädagogisch und psychologisch problematische Ausschulung aus dem laufenden ersten Schuljahr sollte deshalb nach Möglichkeit vermieden werden;
- die sinnvolle und wünschenswerte Hinzuziehung und Beteiligung von Erzieherinnen zur Beurteilung der Schulfähigkeit eines Kindes durch dieses Einschulungskonzept an Bedeutung verliert. Auch hier zeigt die gängige Praxis, daß vielerorts kaum eine Zusammenarbeit zwischen Kindergarten und Schule zur Beurteilung der Schulfähigkeit eines Kindes stattfindet. Diese mangelnde Kooperation wiederum hat zur Folge, daß die Diagnose von Entwicklungsauffälligkeiten bzw. Lernstörungen viel zu spät erfolgt, nämlich erst dann, wenn die Kinder bereits durch schulische Mißerfolge entmutigt sind. Die Diagnostik von Lernproblemen erfolgt viel zu spät. Dies ist ein Grund, warum so viele Kinder in der Schule versagen.

Will man Entscheidungshilfen zur Beurteilung der Schulfähigkeit vor der Einschulung, ist eine sehr viel engere, fachlich fundierte Kooperation Erzieherin – Lehrerinnen und Lehrer – Eltern erforderlich.

Dies aber setzt die volle Anerkennung der Erzieherinnen mit ihren fachlichen Kompetenzen voraus.
Viele Schulleiter/Lehrer scheinen in noch nicht ausreichendem Maße erkannt zu haben, daß Erzieherinnen ihnen wichtige Informationen, die zur Beurteilung der Schulfähigkeit bzw. des Entwicklungsstandes eines Kindes erforderlich sind, vermitteln können.

Dies kann selbstverständlich aber nur mit Kenntnis und Einverständnis der Eltern geschehen. Die Gründe für eine verstärkte Kooperation mit den Erzieherinnen sind sehr überzeugend:

– Die Erzieherinnen kennen die von ihnen betreuten Kinder zumeist über einen Zeitraum von ein oder zwei Jahren, manchmal sogar noch länger. Sie erleben das Kind in ganz unterschiedlichen Situationen, können Beobachtungen zu seinem Spiel- und Arbeitsverhalten, zur Ausdauer und Konzentrationsfähigkeit, zu Sozialverhalten, Sprachentwicklung und Motorik machen.
– Sie kennen die Kinder mit ihren individuellen Stärken und Schwierigkeiten länger und besser, als dies einem Lehrer innerhalb eines kurzen Beobachtungszeitraums möglich wäre.
– Die Erzieherinnen können auch über solche Eigenschaften Aussagen machen, die durch Schul-

reifetests nicht erfaßbar sind. Dies betrifft insbesondere das emotionale und affektive Verhalten sowie das Sozial- und Spielverhalten des Kindes.

– Erzieherinnen kennen viele Kinder und haben von daher auch gute Vergleichsmöglichkeiten. Wissenschaftliche Untersuchungen über die Prognosefähigkeit von Erzieherinnen zur Beurteilung der Schulfähigkeit belegen, daß diese eine hohe Treffsicherheit in der Einschätzung der Schulfähigkeit von Kindern haben (Schneider 1989).

– Mader (1989) konnte in seiner Untersuchung nachweisen, daß um so weniger Kinder nach Schulbeginn zurückgestellt wurden, je intensiver der Klassenlehrer vor Übernahme der Klasse mit der Erzieherin zusammengearbeitet hat.

– Durch frühzeitiges Erkennen von Entwicklungsauffälligkeiten können schon einige Zeit vor Schuleintritt Fördermaßnahmen eingeleitet und von der Schule aufgegriffen und fortgeführt werden.

Der Informationsaustausch zwischen Kindergarten und Grundschule unter Einbeziehung der Eltern muß nicht unbedingt bei jedem schulpflichtigen Kind erfolgen, wäre aber wünschenswert bei den Kindern, bei denen die Erzieherin/Eltern Bedenken hinsichtlich einer Einschulung äußern. Die Furcht mancher Eltern, ihr Kind sei damit bereits vor Schulbeginn negativ abgestempelt, ist zwar auf den ersten Blick verständlich, aber meist unbegründet. Der Austausch dient nicht dem Zweck, die Kinder auszusondern, sondern die Kinder rechtzeitig und gezielt zu fördern, so daß auch der Lehrer bei Kenntnis der Stärken und Schwierigkeiten des Kindes gezielt auf diese eingehen kann.

Für Erzieherinnen erfordert dies eine zunehmende Professionalisierung, in deren Verlauf sie

a) sich kompetent in der Diagnostik von Entwicklungsauffälligkeiten machen sollten,
b) sich intensiv über den Schulanfang und die damit verbundenen Anforderungen an die Kinder informieren, um beratend bei der Frage der Einschulung/Zurückstellung mitzuwirken.

## Schulfähigkeit – was ist das?

Bis in die 60er Jahre hinein sprach man nicht von „Schulfähigkeit", sondern von „Schulreife". Nach damaliger Auffassung wurde die „Schulreife" als Ergebnis von Reifeprozessen angesehen, die ziemlich unabhängig von den Entwicklungsanregungen und Erfahrungen in Familie und Kindergarten eintraten. Schulreif waren damals Kinder, die einen körperlichen Reifungszustand (Gestaltwandel) oder die „Gliederungsfähigkeit" erreicht hatten. Der „Schulfähigkeits"-Begriff ist viel umfassender. Zum einen wird Schulfähigkeit bestimmt vom Entwicklungsstand bzw. den individuellen Lernvoraussetzungen des Kindes, zum anderen aber auch von der Schule mit ihrer pädagogischen Konzeption, ihren Anforderungen und ihrer Struktur.
Ob und wann ein Kind schulfähig ist, bestimmt sich nicht nur durch seinen individuellen Entwicklungsstand, sondern auch durch die Anforderungen des schulischen Erstunterrichts, die in Lehrplänen und Richtlinien festgelegt sind.

Aber auch lehrerspezifische Einflüsse, wie zum Beispiel Lehrgeschick, Gründlichkeit in der Vermittlung des Lehrstoffes, Unterrichtsstil spielen eine wichtige Rolle. Das Ausmaß der Anforderungen und Erwartungen hängt auch stark vom erzieherischen und didaktisch-methodischen Verhalten des Erstklaßlehrers ab. Seine Leistungsmaßstäbe und -bewertungen, die Qualität des Erstunterrichts und seine Kompetenzen wirken sich auf die „Schulfähigkeit" eines Kindes aus.
Schulfähigkeit ist also keine feststehende Größe oder Normmaß, an dem alle Schulanfänger einheitlich zu orientieren sind, sondern wird in Abhängigkeit verschiedener Einflußfaktoren bestimmt. Mangelnde Schulfähigkeit ist also nicht ausschließlich auf individuelle Schwächen eines Kindes zurückzuführen, sondern kann aufgefaßt werden als fehlende Passung zwischen dem Lernangebot der Schule und dem Entwicklungsstand des Kindes. Die Komplexität des Bedingungsgefüges zeigt aber auch, wie schwierig die Beurteilung der Schulfähigkeit von Kindern sein kann, wenn neben dem Entwicklungsstand noch schulische Faktoren eine Rolle spielen, die sich prognostisch nicht oder nur sehr unzulänglich erfassen lassen.

# 2. Können Lernstörungen früh erkannt werden – und hilft das den Kindern?

## Können schulische Lernprobleme bereits im Kindergarten erkannt werden?

Mit dem Eintritt in die Schule beginnt für alle Kinder ein neuer Lebensabschnitt, in welchem dem Erwerb der Kulturtechniken Lesen, Rechtschreiben und Rechnen eine zentrale Bedeutung zukommt. Einem Teil der Kinder fällt dies außerordentlich schwer. Ihre Lernprozesse sind verzögert, häufig trotz guter Intelligenz. Nur allzu oft werden Fragen nach dem Entwicklungsstand bzw. nach Entwicklungsverzögerungen eines Kindes bis zur Einschulung zurückgedrängt. Spätestens im Schulalltag des Erstunterrichts treten bei vorwiegend kognitiven Leistungsanforderungen (Lesen, Schreiben, Rechnen) die Lernschwierigkeiten des Kindes aber offen zu Tage. Die Kinder fallen mit ihren Lernproblemen nicht immer sofort im Anfangsunterricht auf. Einige

Kinder können die Anforderungen des Erstunterrichts zunächst durch Kompensationsstrategien erfüllen. Nach einiger Zeit sind aber die Kompensationsmöglichkeiten dieser Kinder erschöpft und greifbare Schulleistungsprobleme im Lesen, Rechtschreiben und/oder Rechnen treten zu Tage. Erst jetzt wird – oftmals viel zu spät –, nachdem das Kind durch seine schulischen Mißerfolge bereits entmutigt und frustriert ist, nach den Ursachen dieser Lernstörung geforscht.
So stellt sich die Frage, ob man schulische Lernstörungen von Kindern bereits im letzten Kindergartenjahr (oder sogar noch früher) erkennen kann.

Welche Zusammenhänge bestehen zwischen Entwicklungsauffälligkeiten im Kindergarten und späteren Lernproblemen?

Könnten durch eine rechtzeitig einsetzende Förderung den Kindern schulische Mißerfolge erspart oder zumindest abgemildert werden?

Vielleicht mag sich jetzt manche(r) fragen, was denn Erzieherinnen mit schulischen Lernstörungen zu tun haben, denn Lesen, Rechnen und Schreiben lernen die Kinder ja erst in der Schule. Somit könnten sich ja schulische Lernstörungen erst nach dem Eintritt des Kindes in die Grundschule entwickeln und folgerichtig erst dann diagnostiziert werden. Manche werden vielleicht einwenden, daß eine Früherkennung auch deshalb nicht möglich sei, da die von dem Erstlehrer praktizierte Unterrichtsmethodik, das Lerntempo, mit dem die Lehrperson den Unterricht gestaltet, und die Leistungstärke der Klasse nicht bekannt sind.

Erzieherinnen beschleicht vielleicht bei dem Gedanken an eine Früherkennung von Lernstörungen auch ein gewisses Unbehagen, befürchten sie doch, daß dies zu einer „Verschulung“ der Kindergartenpädagogik führen könnte, in dem durch Vorschulmappen die Kinder schulfähig gemacht werden sollen.

Wieder andere sehen in der Früherkennung eine wachsende Gefahr, daß die Zwänge unserer Leistungsgesellschaft in immer stärkerem Ausmaß auch die Kinder im vorschulischen Bereich erfassen. Es besteht die Sorge, daß die Kinder an einer Norm gemessen werden, die für Schwächere wenig Raum bietet und zur Folge hat, daß bereits Vorschulkinder mit Leistungsanforderungen und -druck konfrontiert werden, die für ihre Entwicklung schädlich sind. Und wird nicht dadurch, daß man die Lernprobleme in der Person des Kindes sucht, Schule und Unterricht von jeglicher Verantwortung für das Entstehen von Lernproblemen entbunden, obwohl nachgewiesen ist, daß auch schlecht gestalteter Unterricht Lernprobleme verursachen kann? Schließlich könnte man noch gegen eine Früherkennung einwenden, daß durch Hinweise von Erzieherinnen auf Entwicklungsrückstände, die irgendwann in Zukunft etwas mit schulischen Leistungen zu tun haben könnten, die Eltern unnötigerweise in Panik und unbegründete Ängste versetzt werden können mit der Folge, daß das Kind einer hektischen diagnostischen und therapeutischen Betriebsamkeit ausgesetzt wird, die den Leistungsdruck und die Versagensängste des Kindes und der Eltern noch weiter schüren. Zu leicht ist nämlich mit der Kenntnis von Frühhinweisen auch eine frühe Stigmatisierung des Kindes als „lernschwach“ oder „dumm“ verbunden.

All dies sind ernstzunehmende und gewichtige Argumente, die den Schutz des Kindes verfolgen. Bedeutet dies aber, daß man auf eine Früherkennung von Lernschwierigkeiten besser verzichten sollte? Leider scheint mir dieser Verzicht auch als zu kurzsichtig und an den Interessen des Kindes vorbeigegriffen. Durch frühzeitiges Erkennen von individuellen Entwicklungsauffälligkeiten im Vorschulalter können schon einige Zeit vor Schuleintritt Fördermaßnahmen eingeleitet und in der Schule fortgeführt werden. Somit stellt sich also nicht die Frage, ob Diagnostik im Vorschulalter sinnvoll ist, sondern: wieviel Diagnostik ein Kind vor dem Schulbeginn braucht.

## Ist der Schulanfang ein Schreib- und Leseanfang ?

So wenig wie Kinder zum ersten Mal in der Schule der Schrift begegnen, so wenig treffen sie dort zum ersten Mal auf Zahlen und die Erfordernis, Mengen zu erkennen, zu vergleichen, zu addieren oder zu subtrahieren. Was für die Kinder lediglich neu ist, ist der soziale Rahmen, in dem Lernen geschieht:

unter der systematischen Anleitung der Lehrperson, in regelmäßigen, festgelegten Stunden, mit vorgegebenen Lerninhalten und in einem Klassenverband.
Gerade in den letzten Jahren setzt sich immer stärker die Erkenntnis durch, daß das Rechnen-, Lesen- und Schreibenlernen nicht erst mit dem Eintritt des Kindes in die Grundschule beginnt, sondern das Kind wichtige Vorläuferfunktionen zum Erwerb dieser Kulturtechniken schon lange vor der Einschulung entwickelt. Die bisher übliche Tendenz, den Schulbeginn als die „Stunde Null" im Hinblick auf den Beginn des Schriftspracherwerbs oder des mathematischen Denkens zu betrachten, ist somit falsch.
Die individuellen Unterschiede der Kinder aber sind im Hinblick auf ihre Lernvoraussetzungen und ihren Entwicklungsstand bei der Einschulung beträchtlich. Es bestehen Entwicklungsunterschiede von bis zu drei Jahren. Es gibt Kinder, die zu Schulbeginn schon eine Reihe von Wörtern korrekt schreiben oder lesen können, andere wiederum können keine Buchstaben schreiben.

## Früherkennung im Spannungsfeld zwischen Hilfe und Stigmatisierung

Die Fähigkeiten, die zum Erwerb des Lesens, Schreibens und Rechnens notwendig sind, wie zum Beispiel die Fähigkeit, sich etwas zu merken, etwas sprachlich zu verstehen und auszudrücken, Sym-

bole (z.B. Straßenschilder) zu interpretieren und zu verwenden, sich Handlungen gedanklich vorzustellen (z.B. etwas mit Lego bauen) und zu planen, entwickelt und benutzt das Kind bereits lange vor der Einschulung. Es zeigt diese Fähigkeiten und Fertigkeiten in einer Vielzahl von Situationen und Spielen im Kindergarten oder zuhause. Dort liegen sie im Alltagshandeln versteckt, in wiederkehrenden Situationen, in denen die Kinder ihre Stärken und Schwächen offenbaren.
Somit eröffnet sich die Möglichkeit, bereits im Vorschulalter bestimmte Entwicklungsauffälligkeiten zu erkennen, die später zu Lernschwierigkeiten führen können. Diese entstehen dadurch, daß der von der Schule vorgegebene Lernstoff nicht den Lernvoraussetzungen der Kinder angepaßt ist.

Ziel der Früherkennung ist es also nicht, schulische Lerninhalte in den Kindergarten vorzuverlegen oder die Kinder der Schule und ihren Anforderungen anzupassen, sondern die Prozesse zu erkennen, die die Entwicklung und das Lernen der Kinder beeinträchtigen.

Es geht also dabei um das behutsame Verstehen der sich ausbildenden kindlichen Fähigkeiten, aber auch der individuellen Unterschiede zwischen den Kindern. Je früher eine Entwicklungsverzögerung bei einem Kind erkannt wird, um so aussichtsreicher kann sie durch spielerische Übungen und eine ganzheitliche Förderung aufgefangen werden, ohne daß bereits schulische Mißerfolge die Lernbiographie des Kindes belasten. Die Chance, ernsthafte Fehlentwicklungen zu verhindern, ist um so größer, je früher Probleme erkannt und angegangen werden. Vielfach sind Entwicklungsauffälligkeiten bereits im Vorschulalter zu beobachten. Sie werden aber oft als nicht bedeutsam für spätere Schulleistungen interpretiert.

Auch von Eltern werden Früherkennungshinweise oft nicht aufgegriffen. Die Vorlieben und Abneigungen ihrer Vorschulkinder werden nicht selten verschönert oder als persönliche Eigenart oder Eigentümlichkeit abgetan („Sie interessiert sich halt nicht fürs Malen, sie spielt lieber mit Puppen", oder: „Er ist eben tolpatschig und kein Sportler"). Manchmal nehmen auch Erzieherinnen vorhandene Defizite in der Entwicklung des Kindes wahr, aber aus Selbstschutz oder Unkenntnis werden sie als nicht bedeutsam angesehen.

Früherkennung hat ihre Bedeutung dadurch, daß die kindliche Entwicklung in verschiedenen Bereichen über einen längeren Zeitraum genauer beobachtet wird und Erzieherinnen Hinweise auf Entwicklungsbeeinträchtigungen interpretieren und Zusammenhänge zu späteren Lernstörungen erkennen können.

Aber es ist auch eine gewisse Vorsicht geboten. Fehldiagnosen führen zu einer unnötigen emotionalen Belastung für Kinder und Eltern. Unter Umständen führen Fehldiagnosen zu einer reduzierten Erfolgserwartung bei Kind, Eltern und Lehrern.

Man darf nicht in die Illusion verfallen, alle Kinder vor schulischen Lernstörungen und vor Schulversagen bewahren zu können. Nicht alle Schwierigkeiten können vor der Einschulung bereits erkannt

oder aufgefangen werden, denn manche entstehen erst durch und mit Schule und Unterricht. Ferner zeigen praktische Erfahrungen, daß ehemals vorhandene Entwicklungsauffälligkeiten (z.B. Sprachauffälligkeiten) sich trotzdem weiter negativ auf schulische Lernbereiche (z.B. Lese-, Rechtschreibprobleme) auswirken können, auch wenn die Förderung vermeintlich erfolgreich war.
Das Paradoxon der Früherkennung bleibt stets bestehen: Helfen und Stigmatisieren liegen nahe beieinander.

## Frühdiagnosen im Kindergarten

Kinder mit Entwicklungsauffälligkeiten bedürfen besonderer Aufmerksamkeit. Dies darf aber nicht dazu führen, diese Kinder als „Mängelwesen" zu sehen. Genauso wichtig ist es, ihre bereits vorhandenen Fähigkeiten und Stärken zu erkennen und gerade diese auch gezielt weiter zu fördern. Es ist hilfreich, den Kindern zu zeigen, wie sie ihre Stärken zur Kompensation ihrer Schwächen einsetzen können.

Frühdiagnosen sind immer mit einem gewissen Unsicherheitsfaktor belastet. Je früher der Vorhersagezeitpunkt ist, desto schwieriger ist die Prognose.

Aufgabe der Förderdiagnostik ist es, möglichst umfassend die Faktoren zu erkennen, die die kindliche Entwicklung beeinträchtigen. Dazu gehört die Berücksichtigung des Entwicklungsstandes, der Umweltbedingungen, emotionale Aspekte sowie die Anforderungssituation des schulischen Erstunterrichts.

Die ausführliche Abhandlung all dieser Faktoren würde den Rahmen dieses Buches sprengen. Deshalb soll – quasi wie unter einem Vergrößerungsglas – ein wichtiger und praxisrelevanter Aspekt herausgegriffen und thematisiert werden.

Grundannahme ist dabei, daß die Entwicklung der Motorik, der Sprache, des Gedächtnisses, das Spielverhalten, Körperempfinden, Konzentration und Ausdauer, Emotionalität und Selbstvertrauen und nicht zuletzt der Erwerb des Lesens, Rechnens und Rechtschreibens eng mit einer intakten Wahrnehmung und Verarbeitung von Sinneseindrücken zusammenhängen. Die Grundlage aller Lernprozesse beim Kind ist eine korrekte Aufnahme und Verarbeitung von Sinneswahrnehmungen („sensorische Integration"). Störungen in diesem Bereich behindern oder verzögern die Entwicklung von Kindern und führen oft zu Verhaltensauffälligkeiten. Das im folgenden dargestellte Konzept der sensorischen Integration erscheint mir als ein sehr hilfreiches und sinnvolles Konzept, Lern- und Entwicklungsbeeinträchtigungen von Kindern zu verstehen und auch geeignete Förderungsmaßnahmen daraus abzuleiten.

# 3. Sensorische Integration und ihre Beeinträchtigungen

## Was versteht man unter sensorischer Integration?

Wir erfassen und erfahren unsere Umwelt mit Hilfe unterschiedlicher Sinnes- bzw. Wahrnehmungskanäle. Die Aufnahme sinnlicher Eindrücke über unsere Umwelt und unseren Körper geschieht über folgende Wahrnehmungsbereiche:

- Haut: Berührungs- und Tastwahrnehmung (taktile Wahrnehmung)
- Sehnen, Muskeln und Gelenke: Lage- und Bewegungswahrnehmung (kinästhetische Wahrnehmung)
- Innenohr: Gleichgewichtswahrnehmung (vestibuläre Wahrnehmung)
- Auge: Gesichts- bzw. Sehsinn (visuelle Wahrnehmung)
- Ohr: Gehörsinn (auditive Wahrnehmung)

- Zunge: Geschmackswahrnehmung (gustatorische Wahrnehmung)
- Nase: Geruchsswahrnehmung (olfaktorische Wahrnehmung).

Haut, Sehnen und Gelenke, Auge, Ohr, Nase und Zunge senden sensorische Reize bzw. Informationen zum Gehirn, wobei diese Reize über Rezeptoren aufgenommen, zum Gehirn weitergeleitet und dort verarbeitet werden. Die wichtigste Funktion des Gehirns besteht darin, die sensorischen Reize aus den verschiedenenen Wahrnehmungsbereichen in bedeutungsvolle Informationen zu übersetzen und eine angemessene motorische Reaktion auszulösen.

Ein Kind hört beispielsweise das Hupen eines Autos, dreht den Kopf in Richtung des Schalls, sieht das Auto, erkennt die Gefahr und rennt von der Straße.
Reize bzw. Informationen, die aus den verschiedenen Wahrnehmungsbereichen kommen, müssen angemessen aufgenommen, weitergeleitet und verarbeitet werden, wenn Lernen möglich sein soll. Sensorische Integration ist die wichtigste Art und Weise sinnlicher Verarbeitung. Der Integrations- bzw. Verarbeitungsfähigkeit des Gehirns kommt dabei eine äußerst wichtige Bedeutung für Entwicklungs- und Lernprozesse zu. Sensorische Integration kann also als Prozeß des Ordnens und Verarbeitens sinnlicher Eindrücke verstanden werden, so daß das Gehirn angemessene Körperreaktionen und ebenso sinnvolle Gefühlsreaktionen und Gedanken erzeugen kann. Das Zusammenwirken verschiede-

ner Wahrnehmungsbereiche zu neuen komplexen Systemen kann als zentrale Fähigkeit des Gehirns betrachtet werden.
Ohne klare Informations- bzw. Wahrnehmungsverarbeitung aus den verschiedenen Sinneskanälen wäre ein Kind beispielsweise gar nicht in der Lage, eine Zeichnung bunt auszumalen, könnte kein Puzzle-Spiel zusammensetzen, könnte nicht mit der Schere genau schneiden, basteln, Lieder singen usw.
Auch beim Rechnen-, Lesen- und Schreibenlernen handelt es sich um sehr komplexe Prozesse, die sich nur bei einer intakten sensorischen Verarbeitung der durch die Sinnesorgane aufgenommenen Informationen erlernen lassen.

Grundlage aller Lernprozesse ist somit eine intakte Wahrnehmung und Verarbeitung von Sinneseindrücken.

Die Entwicklung der Motorik, der Sprache, des Gedächtnisses, des Bewegungsempfindens und Spielverhaltens, des Denkens, der Ausdauer, der Konzentration, des Selbstwertgefühls und des Selbstvertrauens und nicht zuletzt das Rechnen-, Lesen- und Schreibenlernen hängen eng mit der Fähigkeit des Gehirns zusammen, die Reize aus den verschiedenen Wahrnehmungsbereichen zu verarbeiten.
Von großer Bedeutung ist auch die Feststellung, daß das Lernen des Kindes nicht nur abhängig ist von einem guten Funktionieren des Gehirns, sondern daß auch die Lernumwelt des Kindes eine bedeutsame Rolle spielt. Die Art und Weise, wie das Kind ver-

sorgt wird, die Zuwendungsbereitschaft der Eltern, das Tragen und Wiegen des kleinen Kindes, die Art und Weise, wie Eltern auf die Bindungswünsche des Kindes eingehen, die Form und Art der Spiel- und Lernangebote bestimmen mit, ob und wie die im Kind verborgenen Möglichkeiten sich entfalten.

## Was sind sensorische Integrationsstörungen?

Störungen bedeutet in diesem Zusammenhang soviel wie schlechtes Funktionieren. Das Gehirn ist nicht in der Lage, diese Reize in einer Weise zu verarbeiten, zu ordnen und zu vergleichen, die dem Kind eine genaue und gute Information über sich selbst und seine Umwelt ermöglichen. Wenn das Gehirn Sinneseindrücke nicht richtig verarbeiten kann, ist es gewöhnlich auch nicht in der Lage, sinnvolles Verhalten zu erzeugen. Sensorische Integrationsstörungen können als grundsätzliche Störungen der Lernfähigkeit, als eine Behinderung jeglicher Lernprozesse begriffen werden. Sensorische Integrationsstörungen werden in einer Vielfalt von Störungsbildern sichtbar, z.B. in:

1) *motorischen Ungeschicklichkeiten* (der Grob- und Feinmotorik):
– die Kinder haben Schwierigkeiten beim Balancieren, Hinkeln, Treppensteigen, beim Anziehen, Fahrradfahren, Ball fangen und werfen, malen, basteln, schneiden, schreiben usw.

– Haltungsfehler: die Kinder haben eine schlaffe Körperhaltung, wirken plump;
– Sprech- und Sprachstörungen: Lautbildungsschwierigkeiten, Schwierigkeiten in der grammatikalischen Satzbildung, Sprachentwicklungsstörungen;
– allgemeiner motorischer Unruhe: die Kinder zappeln, sind ständig in Bewegung;
– beeinträchtigte Merkfähigkeit für Gesehenes und Gehörtes: die Kinder können sich schlecht etwas merken (Lieder, Verse, Farben, „Einmaleins“);
– Schwierigkeiten in der Berührungswahrnehmung, Abwehr von Körperkontakt, Vermeiden bestimmter Materialien (z. B. Fingerfarbe);
– Schwierigkeiten bei Spielen und Lernen: das Kind spielt z. B. überwiegend nur mit dem gleichen Spielzeug;
– Vermeidung bestimmter Tätigkeiten/Handlungen (z. B. malen, schaukeln);
– Verlangsamung von Handlungsabläufen (z. B. beim An- und Ausziehen);
– rasche Ermüdbarkeit, geringes Durchhaltevermögen, Konzentrationsstörungen;
– erhöhte Ablenkbereitschaft.

2) *Störungen der Ich-Gefühle und der gefühlsmäßigen Grundstimmung:*
– allgemeine Ängstlichkeit vor neuen Situationen;
– rasch wechselnde Stimmungslagen (fröhlich-bedrückt);
– geringe Frustrationstoleranz bei Mißerfolgen und Kritik;
– mangelndes Zutrauen zu sich selbst („Ich kann nicht“-Haltung);
– starke Aggressivität oder Gehemmtheit.

3) *Sozialen Störungen:*
- Einordnungsschwierigkeiten (z.B. betätigt sich nicht an Gruppentätigkeiten);
- Kontaktarmut, Einzelgängertum;
- übertriebene Kontaktsuche;
- clownhaftes Verhalten;
- häufige Konflikte mit Alterskameraden.

Manche Eltern und Erzieherinnen fragen sich, warum Kinder nicht gerne malen, kneten oder basteln, warum sie Probleme beim Fahrradfahren, beim An- und Ausziehen oder beim Treppensteigen haben.

Integrationsgestörte Kinder verlieren schnell den Überblick, ziehen sich zurück, geben schnell auf oder reagieren unvermittelt chaotisch und aggressiv auf eine Situation.

Eine Wahrnehmungsstörung, die im Kindergarten vielleicht weniger schwerwiegende Auswirkungen hat, kann ein sehr großes Problem werden, wenn das Kind in die Schule kommt und schulische Mißerfolge die psychische Entwicklung des Kindes massiv beeinträchtigen.

Sensorische Integrationsstörungen betreffen immer die Gesamtpersönlichkeit des Kindes.

Deshalb haben integrationsgestörte Kinder auch häufig Störungen im sozial-emotionalen Bereich.

Oft ist es sogar so, daß die Verhaltensauffälligkeiten der Kinder von Eltern, Lehrern und Erzieherinnen als das eigentliche Problem angesehen werden,

ohne zu erkennen, daß diese Verhaltensauffälligkeiten durch Integrationsstörungen mitverursacht sind. Schätzungen zufolge treten bei jedem sechsten bis achten Kind sensorische Integrationsstörungen auf. Dabei gibt es unterschiedliche Ausprägungsgrade von Integrationsstörungen. Viele Kinder mit Integrationsstörungen haben eine normale bzw. durchschnittliche Intelligenz, und trotzdem entwickeln sich später in der Schule Lernstörungen. Viele schulische Lernprobleme sind das Ergebnis schlechter sensorischer Integration.
Integrationsgestörte Kinder müssen sich häufig viel mehr anstrengen und mehr Energie aufbringen, um gleiche Leistungen wie ihre Alterskameraden zu erreichen. Dies ist auch mit ein Grund, weswegen sie schneller ermüden und dann fälschlicherweise als „konzentrationsschwach" gelten. Häufig erleben sie sich gegenüber ihren Alterskameraden als unterlegen. Kinder mit dieser Problematik entwickeln meist ein negatives Selbstbild („Ich bin schlechter als alle anderen") oder versuchen, ihre Schwierigkeiten durch großspuriges Auftreten zu kompensieren. Sie sind oft weniger belastbar und ausdauernd und entwickeln Verhaltensauffälligkeiten (kaspern, motorische Unruhe, Angebereien, ängstlich etc.).

# 4. Die verschiedenen Wahrnehmungsbereiche und ihre Störungen

## Die Tast- und Berührungswahrnehmung und ihre Störungen

Obwohl eine enge Verknüpfung und ein Zusammenwirken der unterschiedlichen Wahrnehmungsbereiche besteht, sollen sie der Übersicht halber getrennt dargestellt werden. Die Tast- und Berührungswahrnehmung bezieht sich auf die Informationsaufnahme durch Rezeptoren an der Körperoberfläche (Haut), die auf Berührung, Druck, Wärme, Kälte und Vibration reagieren. Die Tast- und Berührungswahrnehmung ermöglicht dem Kind, ein genaues Bild über Ausdehnung und Grenzen seines Körpers zu entwickeln. Sie ist das am frühesten ausgereifte Wahrnehmungssystem des Menschen, das sich bereits im Mutterleib entwickelt und mit ca. 2 ½ Jahren voll ausbildet ist. Die wesentlichen Aufgaben bestehen darin, daß

– dieses System der Tast- und Berühungswahrnehmung einen ganz entscheidenden emotionalen Anteil hat. Eine gute taktile Wahrnehmung ist eine wesentliche Voraussetzung, damit Säuglinge und Kinder Körperkontakt als angenehm erleben und so emotionales Wohlbefinden, Sicherheit und Geborgenheit empfinden können. Auf dieser Basis können sie ein positives Körpergefühl entwickeln.

– Berührungsreize exakt lokalisiert und unterschieden werden müssen, damit das Kind ein genaues Bild über seinen Körper entwickeln kann. Die Tastbzw. Berührungsempfindung erzeugt nach und nach im Gehirn ein Bild des Körperschemas. Das Körperschema stellt ein „inneres Konzept" vom eigenen Körper dar. Es entwickelt sich durch Empfindungen aus Haut, Muskeln und Gelenken wie auch durch Gleichgewichts- und Bewegungswahrnehmungen. Das Körperschema beinhaltet Informationen über jeden Abschnitt des Körpers, über die Lage und Beziehungen zwischen den einzelnen Körperteilen und deren Bewegungsmöglichkeiten. Hat ein „Schulkind" noch kein altersgemäßes Körperschema entwickelt, fällt dies u.a. dadurch auf, daß die altersgemäße Darstellung eines Menschen auf einer Zeichnung häufig nicht gelingt.

Abb. 3.
„Zeichnung eines Menschen" von einem 6,2 Jahre alten Mädchen mit einem nicht altersentsprechend ausgebildeten Körperschema

Das Tast- und Berührungssystem stellt eine wesentliche Grundlage dar, damit das Kind Dinge unterscheiden und identifizieren kann (z.B. Begrenzungen, Oberflächenbeschaffenheit), und trägt so zur Entwicklung der Formwahrnehmung und Formunterscheidung mit bei. Dies ist eine wesentliche Voraussetzung des Lesens/Rechtschreibens.

*Störungen der Tast- und Berührungswahrnehmung:*

Man unterscheidet

a) Überempfindlichkeit des Tast- und Berührungssystems:
Berührungsreize werden von den Kindern als unangenehm, schmerzhaft bzw. nicht lokalisierbar empfunden. Die Folge davon ist, das Berührungsreize abgewehrt werden, d. h. die Tendenz, negativ und gefühlsbetont auf Berührungsreize zu reagieren. Berührungsempfindungen erzeugen bei einem solchen Kind enorme Mißempfindungen. Hinzu kommt, daß das Gehirn nicht genau lokalisieren kann, wo der Reiz ausgelöst wurde, was wiederum zur Verzögerung in der Entwicklung der Körperschemas führt. Wird ein auf Berührungen überempfindlich reagierendes Kind irgendwo am Körper berührt und werden diese Reize als zu stark wahrgenommen bzw. hat das Kind gleichzeitig noch Schwierigkeiten, zu lokalisieren, wo der Reiz ausgelöst wurde, kann man sich leicht vorstellen, daß dieses Kind mit Angst reagieren wird und nicht mag, daß es berührt wird. Selbst mütterliche Zärtlichkeit wird als unangenehm erlebt. Oft vermeiden

diese Kinder auch Blickkontakt. Derart überempfindliche Kinder

– vermeiden oft körperlichen Kontakt zu Freunden und haben auch nicht gerne, wenn andere Leute zu nahe bei ihnen stehen;
– vermeiden bestimmte Materialien wie Fingerfarben, Ton oder Sand;
– mögen Kleidungsstücke aus bestimmtem Material nicht tragen.

Durch die Verbindung des Berührungssystems mit dem Gehör und dem Geruchssystem reagieren die Kinder oft überempfindlich auf Geräusche und Gerüche.

b) Unterempfindlichkeit des Berührungssystems: Hier werden Berührungsreize nicht intensiv genug empfunden. Der Reiz muß deshalb von großer Intensität sein, damit er wahrgenommen wird. Häufig wirken die Kinder schmerzunempfindlich. Auf Hinfallen oder sich stoßen reagieren sie oft so, als ob sie keine Schmerzen empfinden.

## Die Lage- und Bewegungswahrnehmung und ihre Störungen

Die Bewegungs- und Lagewahrnehmung bezieht sich auf Informationen, die durch Rezeptoren an Knochen, Muskeln, Gelenken und Sehnen bei Bewegung oder Stillstand von Körperteilen dem Gehirn zugeleitet werden. Die Rezeptoren reagieren dabei auf Zustandsänderungen des Bewegungs- und Halteapparats und liefern Informationen über den Anspannungsgrad der Muskulatur und die aufeinander bezogenen Stellungen von Gelenken, Gliedern und Körperteilen. Die Wahrnehmungsverarbeitung über Richtung und Geschwindigkeit der Bewegungen der Gliedmaße, der Körper- und Gelenkstellungen sowie der Muskel- und Kraftleistungen gehört zu den wesentlichen Aufgaben. Die Lage- und Bewegungswahrnehmung ist notwendige Voraussetzung

– für das Ausführen von schnellen und flüssigen Handlungsabläufen (z.B. Fahrradfahren, Schreiben etc.);
– für den Aufbau der Körperwahrnehmung;
– für die Speicherung bisher gemachter Bewegungsabläufe und deren Automatisierung;
– dafür, Bewegung abzuschätzen und zu planen. Sie gibt Informationen, wieviel Kraft aufgewandt werden muß, um beispielsweise ein Glas zum Mund zu führen oder mit einem Stift zu schreiben oder zu malen;
– für die Fähigkeit, schriftliche Symbole (z.B. Buchstaben) aus dem Gedächtnis wiederzugeben;
– für die Entwicklung der Formwahrnehmung.

*Störung der Lage- und Bewegungswahrnehmung:*
Ist die Wahrnehmung gestört, sind Empfindung und Vorstellungen des eigenen Körpers in seine Raumlage und seine Bewegungsmöglichkeiten sowie auch die Fähigkeit zu zweckgerichteter Planung von Handlungsabläufen (Bewegungsplanung) beeinträchtigt. Die Kinder haben deshalb oft Schwierigkeiten:

– bei der Planung und Speicherung von Bewegungsabläufen (z.B. Tätigkeiten, die eine Bewegungskoordination erfordern, z.B. Schwimmen, Schleifen binden usw.);
– beim Malen und Schreiben können Begrenzungslinien oft nicht eingehalten werden. Die Stifthaltung oder Stiftführung wirkt entweder sehr verkrampft oder zu locker. Häufig haben die Kinder auch Schwierigkeiten mit dem Pinzettengriff;
– beim Schätzen von Strecken oder der Einordnung von Objekten verschiedener Größen (z.B. Objekte der Größe nach sortieren);
– beim Erlernen komplizierter Bewegungen (z.B. Fahrradfahren). Der Umgang mit Material, Gegenständen und Werkzeug, das Halten eines Stiftes fallen unangemessen aus;
– bei der Entwicklung einer differenzierten Körperwahrnehmung.
Sie fallen auch dadurch auf, daß sie:
– oft eine langsame Arbeitsweise haben, z.B. wirken sie bei Beschäftigungen wie Malen und Schneiden oft verlangsamt;
– oft eine unzureichende Formwahrnehmung haben, was sich in Schwierigkeiten in der Unterscheidungsfähigkeit von Gesehenem oder im Ertasten und Zuordnen von Gegenständen unter einem Tuch zeigt. Ist die Formwahrnehmung gestört, kann als Folgeerscheinung auch das Erfassen und Behalten von geometrischen Formen und Schriftzeichen (z.B. Buchstaben) erhebliche Probleme bereiten. Die Fähigkeit dieser Kinder, sich Gesehenes zu merken, ist oft eingeschränkt.

# Die Gleichgewichtswahrnehmung und ihre Störungen

Die Gleichgewichtswahrnehmung erfolgt über die Reizaufnahme in den Rezeptoren des Innenohrs, die auf Schwerkraft reagieren. Die Hauptaufgabe der Gleichgewichtswahrnehmung besteht darin, an das Gehirn Informationen über Lage- und Haltungsveränderungen wie auch über Dreh- und Fortbewegungen des Körpers zu geben. Sie sorgt dafür, daß beim Gehen, Laufen und Springen das Gleichgewicht erhalten bleibt und reguliert die Stellung des Kopfes zum Körper. Sie stellt die grundsätzliche Voraussetzung für die Entwicklung einer normalen Bewegung dar. Das Gleichgewichtssystem ist eines der wichtigsten Basissysteme, denn es hat Verbindungen zu einer Reihe anderer Wahrnehmungssysteme. Es ist eng verknüpft mit der Augen- und Nackenmuskulatur und dem Hörsinn. Die Verbindung zur Augen- und Nackenmuskulatur ermöglicht das Verfolgen und Fixieren von Gegenständen mit den Augen ohne Kopfbewegung, was besonders für das Lesenlernen wichtig ist. Auch die Auge-Hand-Koordination, die Wahrnehmungsverarbeitung des Sehsinns und die Wahrnehmung über das Gehör sind stark von einer funktionierenden Gleichgewichtswahrnehmung abhängig.

*Störung der Gleichgewichtswahrnehmung:*
Da das Gleichgewichtssystem Verbindung zu vielen Funktionsbereichen des Gehirns hat, können Störungen somit alle anderen Entwicklungsbereiche beeinflussen, insbesondere die Raumwahrnehmungs-

fähigkeit sowie die Wahrnehmungsverarbeitung mittels des Gehörs. Aufgrund der engen Verknüpfung von Gleichgewichtssystem und Gehör haben Kinder mit Gleichgewichtsproblemen häufig auch eine Merkfähigkeitsschwäche für Gehörtes. Das Behalten von Liedern, Versen, Reimen, das Einmaleins oder einen einfachen Rhythmus nachzuklatschen, fällt ihnen schwer. Auch bei der Gleichgewichtswahrnehmung unterscheidet man eine

a) Unterfunktion des Gleichgewichtssystems:
Hier werden Gleichgewichtsreize zu stark gehemmt, d.h., es gelangen nur wenige Reize des Gleichgewichtssystems ins Gehirn. Das Kind sucht deshalb oft Betätigungen und Spiele, die sein Gleichgewichtssystem vermehrt stimulieren (z.B. häufiges Hopsen, Springen, ständige Unruhe, Herumwirbeln).
Störungen der Gleichgewichtswahrnehmungen führen dazu, daß
– dem Kind das Balancieren Schwierigkeiten bereitet (z.B. beim Hinkeln, auf einem Bein stehen, über einen Balken balancieren);
– die Augenmuskeln zuwenig Information bekommen, um bewegte Objekte mit den Augen verfolgen zu können, was häufig zu Schwierigkeiten beim Lesen und Schreiben führt;
– das Kind manchmal tollpatschig wirkt, oft stolpert und hinfällt;
– das Kind in der Bauchlage Mühe hat, Kopf, Arme und Beine gleichzeitig anzuheben. Eine schlaffe Nackenmuskulatur schränkt das Aufrichten des Kopfes gegen die Schwerkraft ein, so daß zielgerichtete Kopfbewegungen erschwert sind, was

Auswirkungen auf die Aufmerksamkeitssteuerung hat;
- dem Kind das Behalten längerer Aufträge, Lieder und Verse meist schlecht gelingt;
- das Kind Schwierigkeiten in der Auge-Hand-Koordination hat, was sich darin zeigt, daß Handbewegungen oft ausfahrend wirken, Begrenzungslinien häufig übermalt bzw. überschrieben werden;
- das Kind Schwierigkeiten in seiner Lautunterscheidungsfähigkeit hat, d.h. ähnlich klingende Wörter schlecht unterscheiden kann (Nagel-Nadel);
- das Kind häufig auch Sprachentwicklungsverzögerungen hat, obwohl die Sprache, wenn das Kind erst einmal anfängt zu sprechen, oft ganz normal ist.

b) Überfunktion des Gleichgewichtssystems:
In diesem Fall gelangen zu viele Reize des Gleichgewichtssystems ins Gehirn, und das Kind kann diese nicht adäquat verarbeiten. Kinder mit einer Überfunktion bewegen sich nicht gerne. Sie
- spielen ungern auf bewegten Geräten (z.B. Schaukel, Hüpfball);
- vermeiden das Springen von höheren Flächen und benutzen oft keine Klettergerüste, Sprossenwände oder Schaukeln;
- halten den Kopf nicht gerne nach unten und machen keinen Kopfstand oder Purzelbaum;
- haben beim Drehen leicht das Gefühl, das Gleichgewicht zu verlieren;
- haben große Angst davor hinzufallen;
- klammern sich beim Treppensteigen stark an das Treppengeländer oder gehen an der Wand entlang;
- neigen zu Vermeidungsverhalten und Selbstunterforderung („Das kann ich sowieso nicht").

Die Entwicklung des Seh- und Hörsinns baut auf diesen Wahrnehmungsprozessen auf. Störungen der Tast-, Lage- und Bewegungs- sowie der Gleichgewichtswahrnehmung führen zu

a) Körperorientierungsstörungen, die sich dadurch zeigen, daß die Kinder
– das Bild eines Menschen sehr undifferenziert malen („Kopffüßler");
– Schwierigkeiten haben, eine ungewohnte Körperstellung nachzumachen (z. B. fällt es den Kindern bei Bewegungsliedern schwer, bestimmte Bewegungen zu imitieren. So können sie verschiedenartige, aber gleichzeitig zu vollziehende Bewegungen wie beispielsweise sich gleichzeitig mit der rechten Hand ans Ohr und mit der linken Hand an die Nase zu fassen, kaum oder gar nicht koordinieren;
– die Körpermittellinien nicht überkreuzen können, d. h. wenn die Kinder beim Malen oder Schreiben an der linken Blattseite anfangen, wechseln sie häufig den Stift von der linken in die rechte Hand, wenn sie in der Mitte des Blattes angekommen sind.

b) Störungen der Bewegungsplanung:
Bewegungsplanung ist der Prozeß, der es ermöglicht, verschiedenartige Bewegungen hintereinander oder gekoppelt miteinander auszuführen. Bewegungsspannungsstörungen zeigen sich dadurch,
– daß den Kindern das Öffnen und Schließen von Reißverschlüssen und Knöpfen oder das Schleifenbinden schlecht gelingt;
– daß das Basteln, Schneiden oder Bauen nach Vorlage oft vermieden wird;

– daß das Nachklatschen/-klopfen von einfachen Rhythmen nicht gelingt;
– daß zwei bis drei miteinander verbundene Aufträge nicht behalten bzw. ausgeführt werden können.

c) Störungen der Raumwahrnehmung:
– Die Kinder können oft Perlen nicht nach einem vorgegeben Muster aufreihen (z.B. runde Perle – eckige Perle – runde Perle etc.).
– Das Nachbauen von Figuren oder Formen bereitet ihnen Schwierigkeiten.

## Der Sehsinn und seine Störungen

Der Sehsinn ist ein wichtiger Sinneskanal. Viele Tätigkeiten wie z.B. Malen, Schreiben, Ballspielen werden unter Mitwirkung der Augen, die die Hand anleiten, erledigt. Für genaue Arbeiten brauchen wir die Augen, um zu kontrollieren, was wir tun. Aufgabe der Augen ist es, über Sehnerven Informationen an das Sehzentrum im Gehirn zu liefern. Ein funktionierender Sehsinn ist für die intellektuelle und sozial-emotionale Entwicklung im Vorschul- und Grundschulalter von zentraler Bedeutung. Seine Aufgabe besteht darin, optische Reize aufzunehmen, sicher zu unterscheiden, mit früheren Erfahrungen zu verbinden und zu interpretieren. Er informiert über die räumliche Beziehung von Gegenständen. Die Entwicklung des Sehsinns ist eng verknüpft mit der Bewegungsentwicklung. Die Fähigkeit zur differenzierten Formwahrnehmung stellt eine wesentliche Voraussetzung für den Beginn des Lesen- und Schreibenlernens dar. Da der Schwerpunkt der Wahrnehmungsentwicklung des Sehsinns im Alter von drei bis sieben Jahren liegt, wird zu Beginn des Anfangsunterrichts im allgemeinen der Ablauf der unten beschriebenen Wahrnehmungsprozesse vorausgesetzt. Frostig (1974) unterscheidet fünf Wahrnehmungsbereiche des Sehsinns:

a) Fähigkeit zur Koordination von Auge und Hand (sie zeigt sich z. B. beim Auffädeln von Holzperlen oder in der Fähigkeit, einen Ball zu fangen, bei Steckspielen und anderem);

b) Fähigkeit, einzelne Formen auf zunehmend komplexerem Hintergrund wahrzunehmen (siehe Beispiel);

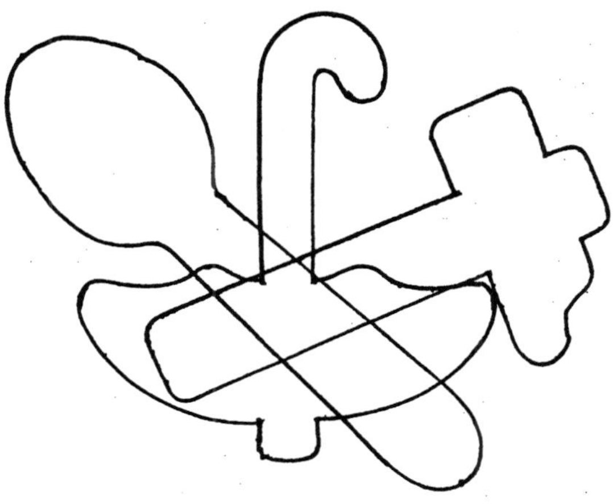

c) Fähigkeit des Wiedererkennens von Formen und geometrischen Figuren unterschiedlicher Größe und Lage (Beispiel: ein Kind soll unter verschiedenen Formen alle Kreise und Vierecke erkennen);

d) Fähigkeit, die Lage einer Form im Raum zu erkennen und zu unterscheiden (siehe Beispiel);

e) Fähigkeit zur Analyse einfacher Formen und Muster. Diese bestehen aus Linien unterschiedlicher Länge und Lage zueinander. Das Kind soll die vorgegebene Form erfassen und diese genauso in ein daneben befindliches Punktefeld zeichnen. Dazu muß es in der Lage sein, die Linien in ihrer räumlichen Beziehung zueinander und zum Punktefeld zu erfassen (siehe Beispiel).

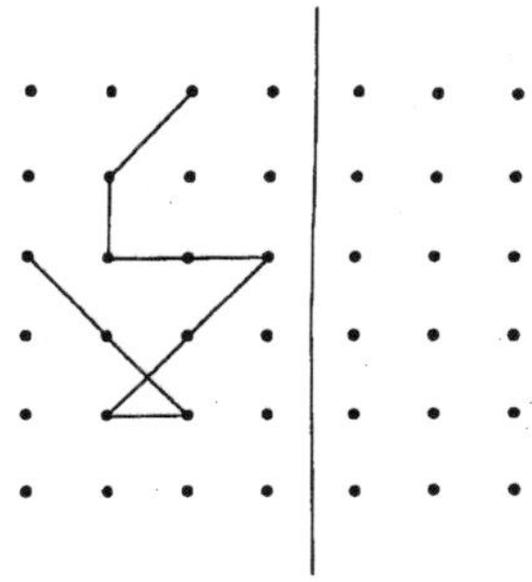

Störungen des Sehsinns werden selten unabhängig von anderen Problemen der Sinneswahrnehmung gefunden. Die Auge-Hand-Koordination, das Erkennen der Lage im Raum, das Erfassen räumlicher Beziehungen und die Formwahrnehmung können sich ohne den Gleichgewichts-, den Tast- und den Lage- und Bewegungssinn nicht entwickeln. Wahrnehmungsstörungen im Bereich des Sehsinns sind häufig bei Kindern mit einem schlecht ausgebildeten Körperschema vorzufinden. Sie zeigen sich in

a) Schwierigkeiten der Auge-Hand-Koordination:
– die Kinder haben oft eine verkrampfte, schlechte Stifthaltung und einen hohen Mal-Schreibdruck (wegen Wahrnehmungsstörungen des Tast-, Lage- und Bewegungssinnes);
– sie können beim Malen, Schneiden mit der Schere oder Schreiben Begrenzungslinien schlecht einhalten;
– beim Einschütten in ein Glas gießen die Kinder oft daneben oder werfen das Glas um;
– das Auffädeln von Perlen gelingt ihnen schlecht;
– das Auffangen eines zugeworfenen Balls aus zwei bis drei Meter Entfernung ist schwierig für sie.

Oft sind Schwierigkeiten der Auge-Hand-Koordination verbunden mit Störungen der Augenmuskelkontrolle bzw. der Augenbewegung, so daß es dem Kind nicht gelingt, einen Gegenstand längere Zeit mit den Augen zu fixieren oder einen bewegten Gegenstand mit den Augen zu verfolgen. Im Unterricht macht sich dies dadurch bemerkbar, daß das Erfassen einer Wortgestalt (das Hintereinander erfassen der Buchstaben) dem Kind schwerfällt.

b) Schwierigkeiten der Figur-Grund-Unterscheidung: Schwierigkeiten in diesem Bereich wirken sich ungünstig auf Konzentration und Aufmerksamkeitsverhalten aus. Den Kindern gelingt es nur schwer:
– aus einer Vielzahl optischer Reize die wichtigen Reize auszusuchen und sie ins Zentrum der Aufmerksamkeit zu stellen;
– geometrische Flächen wie z.B. Kreis, Rechteck, Vieleck in verschiedenen Ausmaßen einzusortieren (z.B. bei Steckspielen).

c) Schwierigkeiten der Formkonstanzbeachtung: Bei Schwierigkeiten in diesem Bereich fällt es dem Kind schwer, geometrische Gestalten (z.B. Quadrat und Kreis), die in verschiedenen Größen und Positionen zusammen mit anderen geometrischen Figuren dargestellt sind, wiederzuerkennen. Das Kind kann beispielsweise geometrische Figuren unterschiedlicher Größe und Lage nicht als identisch erkennen.

d) Schwierigkeiten des Erkennens der Lage im Raum:
Kinder, die hier Probleme haben,

– haben Schwierigkeiten, Ähnlichkeiten, Details oder Unterschiede in Mustern und Zeichnungen zu erkennen (z.B. bei Spielen wie „Differix", „Schau genau");
– können oft auch nicht so gut puzzeln wie andere Kinder;
– verdrehen und schreiben Zahlen und Buchstaben spiegelbildlich.

e) Schwierigkeiten der Erfassung räumlicher Beziehungen:
Kinder mit Schwierigkeiten in diesem Bereich haben Probleme, räumliche Beziehungen zu erfassen: z.B. „leg die Puppe auf/neben/unter den Stuhl".
Sie sind unsicher im Verstehen von Begriffen wie „auf, unter, zwischen, davor" und können deshalb oft Handlungsaufträge nicht richtig ausführen.
Schwierigkeiten zeigen sich auch darin, daß Kinder eine geometrische Figur aus dem Gedächtnis nicht nachbauen können (z.B. einen Stern mit Holzstäbchen legen).
Nicht selten haben sie auch Schwierigkeiten, eine Geschichte in ihrem räumlich-zeitlichen Ablauf zu erzählen oder bei einer Bildgeschichte die Bilder in die richtige Reihenfolge zu legen.
Schwierigkeiten im Erfassen räumlicher Beziehungen wirken sich negativ auf den Erwerb mathematischer Operationen in der Grundschule aus, denn räumliches Denken bzw. Vorstellungsvermögen bildet die Voraussetzung für das Verständnis für mathematische Operationen.

Zum Abklären von Wahrnehmungsstörungen im Bereich des Sehsinns gehört unbedingt auch eine augenärztliche Untersuchung, um organische Ursachen auszuschließen.

## Der Hörsinn und seine Störungen

Durch das Ohr werden Schallwellen aufgenommen. Diese Schallwellen reizen das Innenohr, so daß Impulse an das Gehirn weitergegeben werden, wo sie mit Informationen aus den anderen Wahrnehmungsbereichen verarbeitet werden. Eine funktionierende Wahrnehmung über das Gehör ist eine Grundvoraussetzung für die Sprachentwicklung sowie für schulische und außerschulische Lernprozesse. Viele Kinder mit Lernstörungen, insbesondere im Lesen- und Rechtschreibenlernen, haben Probleme in der Verarbeitung von Gehörtem.

*Störungen des Gehörsinns:*
Hör- und Sehwahrnehmungsstörungen sind nicht gleichzusetzen mit schlechtem Hören (oder Sehen). Häufig sind die Hör- und Sehleistungen dieser Kinder nicht beeinträchtigt, weshalb sie auch nicht durch die routinemäßige Untersuchung durch den Schularzt festgestellt werden können. Die meisten Kinder mit sensorischen Integrationsstörungen haben ein normales Sehvermögen und Gehör. Aber die Empfindungen, die daraus hervorgehen, haben keine klare Bedeutung für sie. Dennoch sollte bei Verdacht einer Wahrnehmungsstörung des Hörsinns eine Untersuchung durch einen Hals-Nasen-Ohren-

arzt durchgeführt werden, um organische Ursachen auszuschließen. Störungen des Hörsinns sind Beeinträchtigungen der Sprach- und Schallverarbeitung. Breitenbach (1989) hat eine Reihe von Wahrnehmungsstörungen des Hörsinns beschrieben. Diese zeigen sich in einer

– gestörten Schallokalisation:
Die Kinder haben Schwierigkeiten, eine Schallquelle im Raum zu finden oder einer sich bewegenden Schallquelle zu folgen. Sie können den Ort der Schallquelle schlecht lokalisieren, z.B. beim Spiel (z.B. beim Spiel „Töpfe schlagen").

– nicht altersgemäßen Fähigkeit, Laute zu unterscheiden:
Ähnlich klingende Wörter wie z.B. Nagel – Nadel, Glas – Gras, Bären – Beeren etc.) können nicht unterschieden werden, oder die Kinder können bei Reimwörtern (Haus – Maus – Tisch, Nase – Hase – Hut) die beiden klang-ähnlichen Wörter nicht erkennen.

– verkürzten Hör- und Gedächtnisspanne (Merkfähigkeit für Gehörtes):
Den Kindern fällt es schwer, gehörte Informationen für kurze Zeit zu speichern und sie sofort wieder abzurufen. Es fällt ihnen schwer, kleine Geschichten, Reime und Verse zu behalten oder einen einfachen Klatschrhythmus nachzuklatschen. Häufig sind die Kinder mit einem beeinträchtigten Gedächtnis für Gehörtes auch im Kopfrechnen deutlich schlechter als im schriftlichen Rechnen.

– Störung der Koordination von Hör- und Sehsinn: Optische Reize können nicht in akustische Reize umgesetzt werden und umgekehrt. Viele Kinder „vergessen“ zum Beispiel im Kindergarten schnell die gelernten Farben wieder oder sie können in der Schule einen Buchstaben nicht dem dazugehörigen Laut zuordnen (mangelnde Buchstaben-Laut-Zuordnung).

– gestörten Lautanalyse:
Das Heraushören bestimmter Laute aus einem Wort fällt den Kindern schwer, z. B. das Heraushören eines Anfangslautes aus einem Wort.

– nicht altersgemäße rhythmisch-melodische Unterscheidungsfähigkeit:
Gehörtes kann aufgrund seiner melodischen oder rhythmischen Struktur nicht voneinander unterschieden werden (z. B. das Mitklatschen eines Liedes bzw. das Zerklatschen eines Wortes wie z. B. Kin-der-gar-ten gelingt nicht oder nur schlecht).

– Beeinträchtigung der Figur-Grund-Wahrnehmung: Den Kindern gelingt es kaum, wichtige akustische Informationen von Neben- oder Hintergrundgeräuschen zu trennen. Bei einem gewissen Geräuschpegel verstehen die Kinder deshalb oft die Anweisungen der Erzieherinnen nicht und fragen oft nach oder orientieren sich bei Aufträgen an anderen Kindern. Da diese Kinder mehr Energie aufbringen müssen, um z. B. die Stimme der Erzieherin bzw. des Lehrers aus anderen Nebengeräuschen herauszuhören, ermüden sie häufig schneller und wirken dann unaufmerksam und unkonzentriert.

# 5. Bausteine der kindlichen Entwicklung

## Entwicklungsphasen der sensorischen Integration

Wenn wir die kindliche Entwicklung von der Geburt bis ins erste oder zweite Schuljahr betrachten, ist es hilfreich, das Entwicklungsmodell von J. Ayres zugrundezulegen, um zu verstehen, wie Rechnen-, Lesen- und Schreibenlernen am Ende von vielfältigen Lern- und Reifungsprozessen stehen. J. Ayres geht davon aus, daß die Entwicklung von Kindern in Phasen erfolgt, die jeweils aufeinander aufbauen. Störungen auf einer niedrigeren Stufe ziehen Schwierigkeiten auf einer nächsthöheren Entwicklungsstufe nach sich. Haben Kinder beispielsweise Lernschwierigkeiten im Bereich des Rechnens, Lesens oder Rechtschreibens, müssen wir die Entwicklung zurückverfolgen und versuchen, herauszufinden, an welchem Punkt innerhalb dieser komplizierten Lernvorgänge es zu Beeinträchtigungen gekommen sein könnte. Das Modell von Ayres kann als hierarchisch aufgebautes entwicklungspschychologisches Schichtenmodell bezeichnet werden. Es unterscheidet vier Entwicklungsebenen:

1. Die frühkindliche Entwicklung mit zwei Teilintegrationen
a) die Integration zwischen dem Gleichsgewichtsempfinden und dem Bewegungsempfinden. Diese Integration sichert u.a. die Stützmotorik des Körpers, die Augenbewegungen und die Wahrung des körperlichen Gleichgewichts.
b) Die Integration der Berührungswahrnehmung und des Sehsinns führt zu emotionaler Zufriedenheit und Wohlbefinden in der Mutter-Kind-Beziehung und zu oraler Aktivität (Essen, Saugen).

Diese beiden Integrationsprozesse sind die grundlegenden Bausteine der kindlichen Entwicklung.

2. Auf der zweiten Ebene der sensorischen Integration kommt es zur
Entwicklung des Körperschemas auf der Grundlage des Zusammenspiels von Tast-, Lage- und Bewegungs- und Gleichgewichtssinn. Das Körperschema ist sozusagen eine innere Landkarte, die das Kind über jeden Teil seines Körpers, und die Beziehungen zwischen den Körperteilen und den Bewegungsmöglichkeiten, die jeder einzelne Körperabschnitt durchführen kann, entwickelt. Das Kind mit einem entwickelten Körperschema fühlt, was die verschiedenen Teile des Körpers tun, ohne hinsehen zu müssen. Das Körperschema beinhaltet:
– das Wahrnehmen und Empfinden des eigenen Körpers;
– die Vorstellungen vom eigenen Körper;

– das Wissen um den eigenen Körper;
– die Orientierung am eigenen Körper.

Das Körperschema ermöglicht dem Kind, sich vom eigenen Körper als Bezugspunkt aus im Raum zu orientieren, ihn zu erfassen und Bewegungen zu planen und auszuführen. Ein gut entwickeltes Körpergefühl ist Voraussetzung für viele weitere Entwicklungsschritte:

– für die Entwicklung der Körperkoordination;
– für das Überkreuzen der Körpermittellinie;
– für die Entwicklung einer dominanten Körperhälfte;
– für das Erfassen räumlicher Beziehungen;
– für die Bewegungsplanung;
– für die mathematische Denkentwicklung.

Körperschemastörungen zeigen sich in nichtaltersentsprechenden Zeichnungen von Menschen und in Schwierigkeiten der Bewegungsplanung.

Nicht altersentsprechendes Körperschema zweier schulpflichtiger Kinder.

Ein zunehmendes Sprachverständnis, eine Verbesserung der Aufmerksamkeitssteuerung sowie eine sicherer werdende Koordinationsfähigkeit beider Körperseiten findet ebenfalls auf dieser zweiten Ebene statt.

3. Auf der dritten Ebene findet eine zunehmende Koordination des Hörsinns und des Tast-, Lage- und Bewegungssinns sowie des Gleichgewichtssystems statt, was zu einer zunehmenden Verbesserung der Sprechmotorik führt und dem Kind ermöglicht, auch schwierige Lautverbindungen zu artikulieren. Von entscheidender Bedeutung auf dieser Ebene ist die Entwicklung der visuellen Wahrnehmung (Erfassen räumlicher Beziehungen, optische Unterscheidungsfähigkeit, Formkonstanz, Figur-Grund-Unterscheidungsfähigkeiten), die sich nach J. Ayres nur auf der Basis eines gut entwickelten Körperschemas entwickeln kann. Die Form- und Raumwahrnehmung des Sehsinns entwickelt sich also aus der Wahrnehmung von Bewegungen mit Richtung und Geschwindigkeit (Gleichgewichtswahrnehmung). Durch Zusatzinformationen aus dem Bereich des Tast-, Lage- und Bewegungssinns und durch die Integration mit optischen Reizen entsteht so die Wahrnehmungsverarbeitung über den Sehsinn, die zur Planung und Ausführung motorischer Aktivitäten notwendig ist. Damit sind auch die Grundlagen geschaffen zur Auge-Hand-Koordination, was dem Kind nun ermöglicht, verschiedene Tätigkeiten, in denen ein exaktes Zusammenspiel von Auge und Hand erforderlich ist (z.B. beim Ausmalen, Schneiden, Schreiben auf der Linie, Ball fangen etc.), auszuführen. Damit einher geht die zu-

nehmende Entwicklung des Gedächtnisses und der Sprachbenutzung.

4. Auf der vierten Ebene geht es um die Spezialisierung der Gehirnhälften und der Entwicklung der Seitigkeit des Körpers. Dies bedeutet, daß bei den meisten Kindern eine Körperseite, meistens die rechte, die dominierende wird. Die optimale Spezialisierung und Zusammenarbeit der beiden Gehirnhälften ist eine entscheidende Voraussetzung für Lernprozesse und Entwicklungsvorgänge im Bereich höherer intellektueller Funktionen wie z.B. dem Lesen, Rechtschreiben oder Rechnen. Dennison (1991) sieht eine Hauptursache für Lernstörungen in der nicht optimalen Zusammenarbeit der beiden Gehirnhälften. Die Spezialisierung der Gehirnhälften führt dazu, daß eine Hälfte, gewöhnlich die linke, besser ausgebildet ist für Sprachverständnis und Sprechvermögen, während die rechte Seite besser dazu geeignet ist, räumliche Beziehungen zu erkennen. Kinder mit Problemen im Bereich der Seitigkeitsentwicklung vermeiden es oft, ihre Körpermittellinie zu überkreuzen.

Manche Kinder haben eine „gekreuzte Seitigkeit", das heißt, bei ihnen ist zum Beispiel die rechte Hand und das rechte Auge dominierend, aber bei Ohr und Fuß ist die linke Seite dominierend. Diese gekreuzte Seitigkeit kann eine Links-, Rechts-Unsicherheit und eine Raumorientierungsschwäche zur Folge haben. Bewegungsangebote, die diese Spezialisierung und die Zusammenarbeit der beiden Gehirnhälften fördern, unterstützen somit viele Lern- und Entwicklungsprozesse. Das Bewegen mit dem gesamten Körper, das Ausführen unterschiedlicher, aber miteinander koordinierter Auge-, Hand-, Arm- und Beinbewegungen unterstützt sowohl die Gehirnhälftenspezialisierung als auch das Zusammenwirken beider Gehirnhälften und fördert damit weitere Entwicklungs- und Lernprozesse bei allen integrationsgestörten Kindern (Dennison 1991).

Die Kinder sollten zum Zeitpunkt der Einschulung die vier Ebenen der sensorischen Integration voll durchlaufen haben. Die meisten Kinder haben diese Phasen auf Grund einer normal abgelaufenen Entwicklung erreicht und sind im Alter von sechs Jahren in der Lage, den schulischen Anforderungen gerecht zu werden. Man muß aber auch davon ausgehen, daß das funktionale Zusammenwirken der verschiedenen Wahrnehmungsbereiche bei Schulanfängern oft sehr unterschiedlich ist und dementsprechend auch die bevorstehenden Lernprozesse qualitativ und quantitativ unterschiedlich verlaufen werden.

# 6. Lernschwierigkeiten: ein Rätsel für Eltern, Erzieherinnen und Lehrer?

## Sensorische Integrationsstörungen und Lernschwierigkeiten

Obwohl Integrationsstörungen bereits vor der Einschulung vorhanden sind, beginnen die eigentlichen Probleme des Kindes oft erst nach der Einschulung, wenn es lesen, rechnen oder schreiben lernen soll. Anfangs können die Kinder ihre Lernschwierigkeiten noch verbergen, indem sie z.B. Wörter auswendig „lesen", ohne sie eigentlich erlesen zu können, oder bis dreißig zählen, ohne aber eine klare Mengenvorstellung zu haben.
Folgen wir der begründeten Annahme, daß komplexe Aufgabenstellungen wie z.B. Lesen, Rechtschreiben und Rechnen, Sprachverständnis und sprachliche Ausdrucksfähigkeit nur dann zu bewältigen sind, wenn die Integration verschiedener Wahrnehmungsbereiche gelingt, so ist es nicht mehr

möglich, sich bei der Diagnose beispielsweise von Sprachauffälligkeiten auf die Überprüfung der Artikulation oder der Satzbaumuster oder bei leserechtschreibschwachen Kindern auf die Überprüfung ihrer Rechtschreibfertigkeiten in Form von Fehleranalysen zu beschränken. Vielmehr müssen die verschiedenen Wahrnehmungsbereiche und Bewegungsabläufe, die Aufmerksamkeitssteuerung und nicht zuletzt die Emotionalität und Affektivität des Kindes sowie das soziale Umfeld (Schule, Kindergarten und Elternhaus) in die Betrachtung miteinbezogen werden. Eine besonders wichtige Rolle für die Entstehung von Lernstörungen spielen Merkfähigkeitsstörungen bzw. Gedächtnisprozesse. Integrationsgestörte Kinder sind häufig nicht in der Lage, kurzfristig aufgenommene Informationen langfristig abzuspeichern. Die Prozesse, die das Speichern über längere Zeit ermöglichen, scheinen instabil zu sein oder nicht gut zu funktionieren.

Aus Unkenntnis über die Zusammenhänge zwischen Integrationstörungen und Lernschwierigkeiten kommt es auch oft zu Beziehungsschwierigkeiten zwischen Eltern, Lehrer und Kind, und das Kind gerät zunehmend in den Teufelskreis von Enttäuschung, Verzweiflung und Versagen. Oft werden die Probleme integrationsgestörter Kinder durch herablassende Bemerkungen aus der Umgebung (Eltern, Geschwister, Lehrer etc.) verstärkt. Das Kind zieht aus solchen Bemerkungen häufig den falschen Schluß, daß es auf irgendeine Weise selbst Schuld an seinen schlechten Leistungen habe. Oft suggerieren dies die Eltern dem Kind, weil ihnen die Zusammenhänge seiner Beeinträchtigung nicht klar sind. Viele Eltern, Erzieher und Lehrer meinen, das

Kind könne schon, wenn es nur wolle, und üben dadurch noch mehr Druck aus. Aus Unkenntnis über die zugrundeliegenden Ursachen wird den Eltern oft empfohlen, mit dem Kind zu üben und nochmals zu üben, was es nicht gut kann (z.B. Rechtschreiben), ohne daß die Beeinträchtigung der Basisfunktionen, die dem Kind das Lernen erschweren, erkannt worden wäre.

## Die Früherkennung von Lese-Rechtschreibschwierigkeiten

Die Früherkennung von Lese-Rechtschreibschwierigkeiten setzt die Kenntnis über die beim Lesen und Schreiben beteiligten Funktionen voraus. Schreiben und Lesen sind sehr komplexe kognitive Fähigkeiten, die nur dann fehlerfrei ablaufen, wenn die ihnen zugrundeliegenden Teilfähigkeiten und deren Zusammenspiel gut miteinander funktionieren. Beim Schriftspracherwerb kommt insbesondere der Integration von Seh-, Hör- sowie Lage- und Bewegungswahrnehmung und der Entwicklung der Feinmotorik eine herausragende Bedeutung zu. Für den Erwerb des Lesens und Schreibens sind u.a. folgende Funktionen von Bedeutung:

– die optische Differenzierungsfähigkeit:
Buchstaben, die sich nur in Nuancen voneinander unterscheiden, müssen vom Kind als verschieden wahrgenommen werden (z.B. F – E, k – h usw.).
– Eine gute Speicherfähigkeit bzw. Merkfähigkeit für graphische Zeichen (Buchstaben) muß vorhan-

den sein. Auch die Merkfähigkeit für Lage und Position der graphischen Symbole im Wort ist von Bedeutung, d. h. die Buchstaben müssen in der richtigen Reihenfolge aufgefaßt werden.

– Lautunterscheidungsfähigkeit:
Das Kind muß in der Lage sein, feine Lautnuancen in Wörtern zu unterscheiden (Nagel – Nadel). Dies ist für die Sinnentnahme des Gehörten wichtig.

– Lautanalysefähigkeit, d. h. die zunehmende Fähigkeit des Kindes, Wörter in seine Lautbestandteile zu zerlegen. Sprachlaute müssen analysiert werden, so daß die Lautfolge, aus denen sich die Wörter zusammensetzen, identifiziert werden können. Die zeitliche Folge der Laute muß in ein räumliches Nacheinander der Buchstaben umgesetzt werden, was hohe Anforderungen an das Kurzzeitgedächtnis stellt. Das Kind muß immer wieder vergleichen, wo es gerade bei der Lautanalyse angelangt ist und dabei häufig zwischen dem Wortklangbild und dem Einzellaut hin und her wechseln. Die in dem Wort identifizierten Laute müssen dann in Buchstaben übersetzt werden (Buchstaben – Lautzuordnungen), d.h. es müssen visuelle Informationen mit akustischen verknüpft werden.

– Differenzierungsfähigkeit der Lage- und Bewegungswahrnehmung:
Die optischen Symbole (Buchstaben) müssen auf ein System von Muskelbewegungen übertragen werden, die zur richtigen Bewegung des Schreibgerätes führen. Die Muskelbewegungen (Schreibbewegung) werden durch optische Wahrnehmungsprozesse unterstützt.

– Sprachgedächtnis:
Das Kind muß Wörter für kurze Zeit im Gedächtnis

behalten können sowie die inhaltliche Bedeutung dieser Wörter erfassen.

An der Entwicklung der Lese- und Rechtschreibfertigkeiten sind viele Regionen des Gehirns beteiligt. Deshalb kann man nicht von dem lese- oder rechtschreibgestörten Kind sprechen, sondern man muß wegen der Komplexität hirnorganischer Prozesse davon ausgehen, daß ganz unterschiedliche Ursachen für Lese-Rechtschreibschwierigkeiten in Frage kommen, und daß wir es mit Kindern zu tun haben, die jeweils ihre ganz individuellen Probleme mit dem Schriftspracherwerb haben. Ebenso muß man berücksichtigen, daß sich im Laufe der Entwicklung des Lese- und Rechtschreiblernprozesses auch die Organisation des Lese-Schreibaktes im Gehirn verändert. Um die Leistung eines geübten Lesers-/oder Rechtschreibers zu ermöglichen, müssen die dazu erforderlichen Voraussetzungen und Funktionen ganz anders organisiert sein als bei einem Lese-Schreibanfänger. Man kann davon ausgehen, daß es im Verlauf der Entwicklung des kindlichen Zentralnervensystems auch zu einer qualitativen Umstrukturierung der Funktionen kommt, die dem Kind eine zunehmend bessere Lese- und Rechtschreibfähigkeit ermöglicht.

Die Frage, ob und zu welchem Zeitpunkt eine Früherkennung der Lese-/Rechtschreibschwierigkeiten möglich ist, ist von zentraler Bedeutung. Können Schwierigkeiten im Schriftspracherwerb bereits im Vorschulalter frühzeitig erkannt werden, wenn noch kein systematischer Unterricht eingesetzt hat? Oder ist vielmehr davon auszugehen, daß Probleme in der Lese-/Rechtschreibentwicklung erst dann erkannt werden können, wenn sich diese im Laufe der beiden ersten Grundschuljahre manifestieren? Die Erkenntnis, daß die Anfänge des Lesen- und Schreibenlernens lange vor Beginn des Schuleintritts zu finden sind, geht einher mit der Einsicht, daß Kinder nicht einfach nur einzelne Fähigkeiten und Fertigkeiten nachahmend lernen, indem sie sie passiv übernehmen, sondern daß sie aktive Konstrukteure ihrer Vorstellungen von Schriftsprache sind. Dies bedeutet, daß viele Kinder sich bereits im Vorschulalter aktiv mit dem Erwerb des Lesens und Schreibens auseinandersetzen und dabei zunehmend die Zuordnungsregeln für Buchstaben und Laute entdecken.

Die Entwicklung des Lesens und Rechtschreibens vollzieht sich in verschiedenen Stufen. Wesentlich dabei ist, daß das Kind die grundlegende Beziehung zwischen Laut- und Schriftsprache zu verstehen lernt, d.h., daß sprachliche Laute durch Buchstaben ausgedrückt werden können und umgekehrt (Barth 1995). Somit kommt sprachanalytischen Fähigkeiten bzw. lautlichen Verarbeitungsprozessen eine besondere Bedeutung zu. Kinder mit Lese-Rechtschreibproblemen in den ersten beiden Grundschuljahren haben häufig Schwierigkeiten in der sprachlich-akustischen Verarbeitung und nicht etwa, wie man lange Zeit annahm, in der optischen Wahrnehmung. Beeinträchtigt ist das Verständnis und die Analyse für Einzellaute. Darüber hinaus sind Gedächtnisprozesse für Gehörtes, vor allem das Kurzzeitgedächtnis für Gehörtes sowie das Aufmerksamkeitsverhalten für optische Symbolfolgen sehr bedeutsame Faktoren, die zur Bewältigung von Lese- und Rechtschreibprozessen benötigt werden. Da auch das Gedächtnis für Gehörtes und die Gleichgewichtswahrnehmung eng miteinander verknüpft sind, kommt somit einer intakten motorischen Entwicklung eine wichtige Rolle für den Schriftspracherwerb zu. Im einzelnen erweisen sich im Vorschulalter folgende Bereiche als bedeutsame Vorhersagekriterien für die Entwicklung späterer Lese-Rechtschreibkompetenzen:

1. *Bewußtheit für Laute im engeren* Sinn:

– Anlautbestimmungen
Erkennen eines Anfangslautes in einem Wort. Das Kind soll den Anfangslaut eines Wortes aus dem Wort akustisch analysieren, z.B. „Ute" fängt mit .....(U) an.

– Laute verbinden
Ein lautlich getrenntes Wort, das dem Kind gedehnt vorgesprochen wird, soll als ganze Einheit nachgesprochen werden (z.B. „F – isch" soll das Kind als „Fisch" lautlich erkennen).

2. *Bewußtheit für Laute im weiteren Sinn:*

– Reimpaare erkennen:
Wörter müssen vom Kind daraufhin beurteilt werden, ob sie sich reimen (z.B. Haus – Maus – Hut) bzw. ähnlich klingen.

– Silbentrennung:
Das Kind soll zwei- und dreisilbige Wörter in Silben zerklatschen: z.B. Fuß / ball / spiel.

3. *Kurzeitgedächtnis für Gehörtes:*

Die Gedächtniskapazität für das Kurzzeitgedächtnis kann beobachtet werden, indem Kinder Zahlenreihen (z.B. 2 – 5 – 7 – 4) oder Pseudowörter nachsprechen (z.B. Lu ma tu). Sechsjährige Kinder sollten in der Lage sein, etwa vier Zahlen nachzusprechen oder einen Klatschrhythmus, bestehend aus vier bis fünf Klatschen, nachzuklatschen.

4. *Aufmerksamkeit für optische Symbolfolgen:*

Die Kinder sollen aus vier kurzen, aber optisch ähnlichen Wörtern ein vorgegebenes Wort herausfinden, z.B. Hase / Base, Hose, Zelt, Hase.

5. *Schnelles Benennen der Farben von Objekten, die unfarbig dargestellt sind* :

Das Kind soll die Farben abgebildeter Objekte (z.B. Pflaume, Tomate, Zitrone etc.) so schnell wie möglich benennen.

Faßt man die derzeitigen Erkenntnisse über Risikofaktoren zusammen, die zu möglichen Lese-Rechtschreibproblemen führen können, so zeigt sich, daß insbesondere Kinder mit nachstehenden Auffälligkeiten häufig besondere Schwierigkeiten in der Aneignung des Lesens und Schreibens entwickeln. Diesen Kindern ist besondere Aufmerksamkeit zu widmen. Kinder mit Auffälligkeiten:

– in der motorischen Entwicklung:
Hier wirken sich insbesondere Beeinträchtigungen der Gleichgewichtswahrnehmung negativ aus.

Diese bewirken häufig eine eingeschränkte Merkfähigkeit für Gehörtes, Schwierigkeiten der Augenmuskelkontrolle, Beeinträchtigung der Wahrnehmungen des Sehsinns, insbesondere der Auge-Hand-Koordination.

– in der Sprachentwicklung:
Kinder mit Sprachentwicklungsverzögerungen und Lautbildungsschwierigkeiten gehören ebenfalls der Risikogruppe an.

– im Aufmerksamkeits- und Konzentrationsverhalten:
Kinder mit Störungen in diesem Bereich lassen sich durch optische und akustische Reize schnell ablenken (häufig als sogenannte hyperaktive Kinder bezeichnet). Aufmerksamkeitsgestörte Kinder springen von einem Reiz zum anderen.

– im Kurzzeitgedächtnis für Gehörtes:
Diese Kinder haben Schwierigkeiten im kurzfristigen Behalten und Abrufen sprachlicher Informationen. Häufig haben diese Kinder Schwierigkeiten, sich die Buchstaben-Laut-Verbindungen zu merken. Sie „vergessen" sehr häufig den Laut, der zu einem bestimmten Buchstaben gehört. Ein eingeschränktes Kurzzeitgedächtnis behindert auch die Lautanalysefähigkeit von Wörtern beim Rechtschreiben. Das Auflösen des Wortklangbildes in Einzellaute gelingt nur, wenn das Kind in der Lage ist, immer wieder von neuem einen Vergleich zwischen dem Wortklangbild und den unterscheidbaren Einzellauten herzustellen.

Für diese komplizierten Prozesse ist ein hoch spezialisiertes Kurzzeitgedächtnis erforderlich. Gerade bei rechtschreibschwachen Kindern lassen sich immer wieder Beeinträchtigungen des Kurzzeitgedächtnisses finden.

– in der optischen Wahrnehmung und Verarbeitung:
Die Kinder haben Schwierigkeiten, ähnlich aussehende Symbole voneinander zu unterscheiden oder bei der Wiedergabe von Symbolen aus dem Gedächtnis (Gedächtnis für Gesehenes).

– in der Entwicklung der Händigkeit:
Ist die Händigkeit nicht eindeutig entwickelt, haben Kinder oft Schwierigkeiten in der „Rechts-Links-Unterscheidung", was zu spiegelbildlichem Schreiben und Verwechslungen ähnlich aussehender Buchstaben führt.

Man kann heute wohl davon ausgehen, daß für die Entstehung der Lese- und Rechtschreibschwierigkeiten ganz unterschiedliche Faktoren maßgebend sind.

## Früherkennung von Rechenstörungen

Kinder mit Rechenstörungen kommen häufiger vor als gemeinhin vermutet. Lorenz (1993) schätzt den Anteil extrem rechenschwacher Grundschulkinder auf 6%, ca. 15% weisen eine förderungsbedürftige Rechenschwäche auf. Im Gegensatz zu lese-rechtschreibschwachen Kindern werden Kinder mit Rechenproblemen häufig für „dumm" gehalten, weil sich auch das hartnäckige Vorurteil hält, daß man für Mathematik eine besondere „Begabung" brauche. Ähnlich wie beim Lesen- und Schreibenlernen steht auch das mathematische Denken am Ende von vielfältigen Lern- und Reifeprozessen, bei denen Wahrnehmungsprozesse eine sehr wichtige Bedeutung haben.

Kinder führen bereits lange vor Schuleintritt mathematische Operationen durch. Schon das Kindergartenkind erkennt „viel" und „wenig", es kann vergleichen (mehr – weniger, kleiner – größer), es legt Bauklötze in den Kasten und zählt dabei ab: „eins, zwei, drei..." Die Kinder lernen in einer anschaulichen Weise das Prinzip des Zu- und Abnehmens, des Mehr- oder Wenigerwerdens, sowie das Prinzip des Zusammenfügens von Teilen zu einem Ganzen. Darin ist das Wesentliche des späteren Addierens und Subtrahierens enthalten. Für die Entwicklung des Mengenverständnisses muß das Kind die Möglichkeit haben, Gegenstände (z.B. Bauklötze, Stäbchen etc.) anzufassen und mit ihnen zu experimentieren.

Über das Handeln erwirbt das Kind eine Vorstellung von dem, was es tut. Allmählich werden die konkreten Handlungsschritte nur noch in der Vorstellung ausgeführt. Die Entwicklung dieser inneren Vorstellungsbilder ist für den Aufbau des rechnerischen Denkens von grundlegender Bedeutung. Nach Lorenz (1991) ist die Fähigkeit zu einer stabilen visuell-räumlichen Vorstellung nötig, damit Kinder rechnen lernen.

Alle schulpflichtigen Kinder können in der Regel schon zählen. Wenn das Kind zählt, müssen seine Finger zunächst immer genau den Gegenstand (z.B.

das Bauklötzchen) berühren, der gerade mit dem Zahlwort benannt wird. Dazu ist eine gut funktionierende Auge-Hand-Koordination und die Einhaltung eines Zählrhythmus wichtig. Ist die Motorik des Kindes gestört oder kann die Augenmuskulatur nicht der Hand folgen, führt dies zu einer ungenauen Zahlbegriffsentwicklung. Deshalb ist auch die Zähltechnik des Kindes genau zu beobachten. Als wesentliche Vorläufer mathematischer Denkprozesse gelten:

1) Operieren mit Hilfe des Sehsinns
2) Gedächtnis mit Hilfe des Sehsinns
3) Merkfähigkeit für Gehörtes (Kurzzeitgedächtnis)
4) Sprachgedächtnis und Sprachverständnis.

Zu 1. Operieren mit Hilfe des Sehsinns bedeutet das gedankliche Planen und Gestalten von Tätigkeiten. Handlungen werden in Vorstellungen übersetzt und verinnerlicht:
Was muß ich tun, um ein Objekt zu bauen, wie soll es aussehen, z.B. wieviel Legosteine brauche ich noch, wieviel muß ich wegnehmen oder hinzufügen, um einen Gegenstand zu bauen oder zu verändern? Selbst so alltägliche Handlungen wie Marmelade aufs Brot schmieren oder den Teller beim Mittagessen füllen, erfordern ein gedankliches Planen mit Hilfe des Sehsinns. Gedankliches Operieren beinhaltet aber auch, Größen in der Vorstellung miteinander in Beziehung setzen zu können.

*Beispiel für eine solche Fragestellung:*

Welche Blume paßt von ihrer Größe her in welchen Topf?

Sind Handlungen innerlich gut nachvollziehbar, werden Vorwegnahme und Planung gut möglich. Kinder, die beim Schnürsenkelbinden Schwierigkeiten haben, scheitern nicht nur an ihrer motorischen Ungeschicklichkeit, sondern auch daran, daß sie die notwendigen Bewegungen nicht behalten oder sich das abschließende Ergebnis und seine Entstehung nicht vorstellen können. Für die Entwicklung der gedanklichen Planung und Gestaltung von Tätigkeiten, ist ein funktionierender Sehsinn, insbesondere aber das Erkennen der Raumlage und das Erfassen räumlicher Beziehungen Grundvoraussetzung. Diese räumliche Orientierungsfähigkeit wiederum entwickelt sich aus dem Körperschema, für dessen Entwicklung besonders Wahrnehmungsprozesse im Bereich des Tast-, Lage- und Bewegungssinns eine be-

sondere Bedeutung haben (über diese Wahrnehmung kann das Ausmaß einer Muskelbewegung und damit die räumliche Beziehung zu einem Objekt abgeschätzt werden).
Bei vielen Grundschülern mit einer Rechenschwäche läßt sich beobachten, daß sie Schwächen in der visuellen Anschauung sowie beim Entwickeln von visuellen Vorstellungen haben. Schon im Kindergarten haben diese Kinder nicht gerne gebastelt, gepuzzelt oder mit Legosteinen oder Fischertechnik etwas nach Vorlage gebaut. Auch das Nachbauen oder -legen von Figuren (z.B. einen Stern aus Holzstäbchen des Packesel-Spiels) aus dem Gedächtnis bereitet Schwierigkeiten.
Häufig gehen diese Funktionsstörungen einher mit Problemen des Körperschemas und mit motorischen Entwicklungsauffälligkeiten. Den Kindern bereitet es oft besondere Schwierigkeiten, eine Bewegung zu imitieren, weil ihnen der dazu erforderliche gedankliche Handlungsplan nicht verfügbar ist. Je verläßlicher, differenzierter und automatisierter das Kind Zustände und Bewegungen des eigenen Körpers zu empfinden und zu steuern in der Lage ist, desto besser gelingen die schrittweisen Bewegungsplanungen in der Vorstellung sowie die Vorstellungen über räumliche Beziehungen.
Den Fingern kommt dabei eine besondere Bedeutung zu. Als natürliche Zählhilfe sind sie nicht nur visuelles Anschauungsmittel, sondern können durch ihre Informationsvermittlungen über den Tast-, Lage- und Bewegungssinn den Rechenprozeß unterstützen.

2. Ein gutes Gedächtnis für Gesehenes ist ebenso eine notwendige Voraussetzung für das Durchfüh-

ren arithmetischer Operationen. Im Kindergarten wird diese Fähigkeit bei Spielen wie „Memory, Puzzeln, Koffer packen" gefördert und sichtbar. Auch im Nachlegen einer Reihe (z.B. 3–4) verschiedenfarbiger Bauklötze (z.B. rot – grün – gelb – blau) aus dem Gedächtnis, beim Nachzeichnen einfacher geometrischer Figuren oder beim Erzählen einer Geschichte, die vom Kind zu malen ist, wird das Gedächtnis für Bilder und das Vorstellungsvermögen gefordert.
Eine weitere Möglichkeit besteht darin, Kinder einfache geometrische Holzfiguren (z.B. Kreuz, Kreis, Dreieck, Viereck) unter einem Tuch ertasten zu lassen. Ähnliche Fähigkeiten erfordert das Tastspiel „Blinde Kuh".

3. Die Merkfähigkeit für Gehörtes, insbesondere ein sehr gut funktionierendes Kurzzeitgedächtnis für Gehörtes, ist eine weitere wesentliche Grundvoraussetzung. Soll beispielsweise der Schulanfänger 5–3 rechnen, muß er 5 als Startmenge behalten. Dabei muß er aber gleichzeitig die Anzahl der Zählschritte (3) behalten und rückwärts zählen, d.h., sich die Zwischenschritte 5, 4, 3, 2 merken.
Das Kind muß auch das Subtraktionsschema verstanden haben, das heißt, es muß die richtige Bewegungs- bzw. Zählrichtung aus dem Gedächtnis aktivieren.
Merkfähigkeitsstörungen verhindern eine Speicherung von Zahlen und Zwischenergebnissen beim Kopfrechnen. Kinder mit einer Merkschwäche fallen im Kindergarten und zu Hause dadurch auf, daß sie Lieder, Reime und kleine Geschichten schwerer auswendig lernen können als andere Kinder, auch

das Nachsprechen einer Zahlenreihe von drei bis vier Zahlen fällt ihnen schwer. Strong und Rourke (zitiert in Lorenzen 1990) unterscheiden zwei Gruppen rechenschwacher Kinder:

a) Die Kinder haben gleichzeitig eine Rechen– und Lese–Rechtschreibschwäche. Die Lernschwierigkeiten dieser Kinder sind nach Ansicht der Autoren vornehmlich auf eine Merkfähigkeitschwäche für Gehörtes zurückzuführen.
b) Kinder, die eine isolierte Rechenstörung als Folge von Defiziten im Bereich visuell-räumlicher und körperbezogener Wahrnehmungleistungen entwickeln.

4. Sprachgedächtnis und Sprachverständnis:

Da Unterricht immer auch stark sprachbezogen ist, muß das von der Lehrperson oder Mitschülern Gesagte verstanden und behalten werden. Deshalb ist auch ein gut entwickeltes Sprachgedächtnis wichtig. Dies wird im Kindergarten durch das Ausführen komplexer Anweisungen (z.B. zwei bis drei Aufträge, die das Kind ausführen soll) erprobt und geübt. Auch das Nacherzählen kleiner Geschichten gibt Hinweismöglichkeit auf die Ausprägung des Sprachgedächtnisses. Dazu ist die Fähigkeit erforderlich, daß die Kinder
a) die wichtigsten Aussagen der Geschichte identifizieren und von unwichtigen Details abstrahieren können;
b) ein Verständnis für ursächliche und zeitliche Zusammenhänge entwickelt haben;
c) eine ausreichende Merkfähigkeit besitzen.

# 7. Einige Hinweise und Regeln zur Elternberatung

Fallen bei einem Kind im Kindergarten oder nach der Einschulung Integrationsstörungen auf, ist es wichtig, den Eltern die beobachteten Auffälligkeiten (nicht deren Interpretation) in einem dafür einberaumten Gesprächstermin zu schildern. Oft haben Eltern auch bereits Ungereimtheiten und Unregelmäßigkeiten in der Entwicklung ihres Kindes bemerkt, die sie sich nicht erklären können oder die als „Marotte" oder besondere „Eigentümlichkeit" des Kindes abgetan werden. Die besondere Schwierigkeit des Elterngesprächs besteht darin, daß Eltern in der Regel die Zusammenhänge zwischen bestimmten Entwicklungsauffälligkeiten und Wahrnehmungsstörungen und deren Auswirkung auf schulisches Lernen nicht kennen.
Es ist deshalb wichtig, Eltern auf eigene Beobachtungen aufmerksam zu machen und ihnen Zeit zu lassen, bestimmte Dinge selbst nochmals zu beobachten und sie anzuleiten, die individuellen Schwierigkeiten und Stärken ihres Kindes genauer zu sehen. In einem späteren Gesprächstermin kann man sich dann über die gemachten Beobachtungen

austauschen, ergänzende Beobachtungen der Eltern aufnehmen und gegebenenfalls diese durch Informationen über die frühkindliche Entwicklung – insbesondere die motorische und die sprachliche Entwicklung und über das Spielverhalten des Kindes ergänzen.
In dem Elterngespräch können die möglichen Auswirkungen der Wahrnehmungsstörungen auf das Verhalten, das Lernen und das psychische Wohlbefinden des Kindes thematisiert werden. Für die Eltern ist wichtig zu wissen, daß ihr Kind in einigen Bereichen mehr Schwierigkeiten zu bewältigen hat als andere Kinder, und daß sich integrationsgestörte Kinder oft mehr anstrengen müssen als andere Kinder, um eine bestimmte Leistung zu vollbringen.
Dieses Wissen hilft oft ein Stück weiter, um das Kind und dessen besondere Verhaltensweisen besser zu verstehen. Die Eltern können so von der Notwendigkeit einer weiteren und genaueren Abklärung/Diagnostik überzeugt werden. Wichtig zu wissen ist aber, wo eine weitere Diagnostik erfolgen kann (z.B. Kinderarzt, Beratungsstelle, Frühförderstelle, Kinderneurologisches Zentrum, bestimmte Fachkräfte wie z.B. Logopäden, Motopäden, Sprachheiltherapeuten, Ergotherapeuten usw.). Gelingt es der Erzieherin oder Lehrperson, ihre Sorge um das Kind den Eltern so mitzuteilen, daß diese von deren Ernsthaftigkeit und gutem Willen überzeugt sind, ist der erste wichtige Schritt getan. Oft bestehen aber auch bei Erzieherinnen Ängste vor einem solchen Gespräch, die sich darauf beziehen, daß

– sich die Beziehung zu den Eltern verschlechtern könnte, weil es diese „übelnehmen“ könnten, auf

Schwierigkeiten ihrer Kinder angesprochen zu werden;
– die Eltern ihr Kind vom Kindergarten abmelden und in einem anderen Kindergarten anmelden könnten;
– Erzieherinnen etwas beobachtet bzw. „diagnostiziert" haben, was von Experten so nicht gesehen wird, so daß letztlich ihr Ruf als kompetente Erzieherinnen auf dem Spiel steht.

Sollte ein Gespräch zur Abklärung der Schulfähigkeit eines Kindes vor der Einschulung erforderlich sein, so ist es unbedingt notwendig, daß das Gespräch zwischen Erzieherin und Lehrer im Beisein der Eltern stattfindet, da dies den Eltern das Gefühl vermittelt, daß sie nicht übergangen werden, wenn es um die Zukunft ihres Kindes geht.
Von großer Bedeutung ist aber auch zu wissen, daß manche Eltern selbst Schwierigkeiten haben, mit Problemen ihrer Kinder umzugehen. Eltern entwickeln mehr oder weniger differenzierte Erwartungsvorstellungen über die Entwicklung ihrer Kinder. Die Feststellung einer Entwicklungsverzögerung schockiert die Eltern in der Regel und bereitet Ängste: Angst um die Zukunft des Kindes, um seine weitere Entwicklung, Sorge um seine schulische Laufbahn. Manche Eltern reagieren deshalb besonders empfindlich auf Hinweise von Entwicklungsverzögerungen ihrer Kinder. Sie entwickeln Schuldgefühle, und die Frage nach der Ursache, die Suche nach einer Erklärung für die Entwicklungsauffälligkeiten, gehört meist zu den ersten Reaktionen. Kränkung, Schuldgefühle und Ängste der Eltern können zu verschieden Abwehrmechanismen führen, z. B. daß:

– die Entwicklungsauffälligkeiten beschönigt oder bagatellisiert werden. Es werden Beispiele gesucht, die beweisen sollen, daß das Kind so wie jedes andere Kind auch ist;
– die Schwierigkeiten des Kindes mit der mangelden Kompetenz der Erzieherinnen oder ihrer angeblichen Antipathie dem Kind gegenüber begründet werden;
– die Eltern eine überfürsorgliche Haltung gegenüber dem Kind entwickeln und dadurch zusätzlich seine Entwicklung hemmen.

Insbesondere ehrgeizige, leistungsorientierte Eltern können oft wenig Verständnis für die Schwierigkeiten ihres Kindes aufbringen. Sie sind enttäuscht und üben oft einen starken Leistungsdruck auf das Kind aus, der zu neuen Frustrationen führt, aus denen sich Verhaltensstörungen (z.B. Bauchschmerzen, Einnässen, Kopfschmerzen), Ausweich- und Ersatzhandlungen entwickeln. Andererseits wird das Kind auch durch negative Reaktionen, die es in seinem Umfeld hervorruft (z.B. durch störendes Verhalten im Kindergarten), für die Eltern Anlaß zu häufigem Ärger, wenn diese wegen des auffälligen Verhaltens in den Kindergarten gebeten werden. Gelegentlich wird den Eltern dann auch die Schuld zugeschoben, daß sie ihr Kind nicht richtig erziehen. Dies führt dann nicht selten zu versteckten oder gar offenen Aggressionen dem Kind gegenüber, auch deshalb, weil sich die Eltern dem Kind gegenüber hilflos fühlen. Gegenseitige Schuldzuschreibungen zwischen Eltern, Erzieherinnen und Lehrer sind deshalb die Folge.
Häufig belasten Verhaltensauffäligkeiten der Kinder

als Folge von Integrationsstörungen die Familienatmosphähre erheblich. Integrationsstörungen können so zu familiären Beziehungsstörungen führen. Spannung zwischen den Eltern mit Schuldzuweisungen, Koalitionen eines Elternteils mit einem unproblematischen Geschwisterkind bewirken neue zusätzliche Belastungen für das Familiensystem.

Wichtig ist es, die Eltern in ihrer Sorge ernst zu nehmen und zu versuchen, ihnen Wege und Möglichkeiten aufzuzeigen, wie sie ihrem Kind helfen und seine Entwicklung fördern können. Eine große Hilfe für Eltern ist es, ihnen Fördermöglichkeiten aufzuzeigen und ihnen praktische Anregungen zu geben. Die meisten Eltern brauchen längere Zeit, um die Schwierigkeiten ihres Kindes zu verarbeiten. Die Verarbeitung von Gefühlen wie Schmerz, Enttäuschung, Trauer, Wut braucht Zeit. Das Zulassen dieser Gefühle schafft die Basis für die Annahme des Kindes. Auch aus diesem Grund brauchen Eltern Hilfe, Verständnis und Unterstützung. Unter diesen Gesichtspunkten wären folgende Vorgehensweisen sinnvoll:

– Erfassung und Diagnostik von Wahrnehmungs- bzw. Integrationsstörungen spätestens zu Beginn des letzten Kindergartenjahres;
– rechtzeitige Beratung der Eltern über die beobachteten Auffälligkeiten. Die Ursachen und Folgen der Integrationsstörung sollten Eltern erklärt werden. Sie sollten Hinweise darauf bekommen, wo eine genauere diagnostische Abklärung und wo eine gezielte Förderung des Kindes erfolgen kann;
– Kooperation mit der aufnehmenden Schule, z.B. in Form eines gemeinsamen Gesprächs Eltern/Erzie-

herin/Lehrer, um die Frage der Einschulung/Zurückstellung gemeinsam zu klären. Dies ist aber nur dann möglich, wenn die Eltern ihre ausdrückliche Zustimmung dazu geben. Eltern sind vielfach eher zurückhaltend, die Schule über bereits bestehende Fördermaßnahmen zu unterrichten, befürchten sie doch negative Auswirkungen auf ihr Kind durch ein festgeformtes, wenig korregierbares Vorurteil der Lehrperson.

# 8. Von der Alltagsbeobachtung zur systematischen Beobachtung

Erzieherinnen verfügen über ein wichtiges diagnostisches Instrument: die Beobachtung.
Viele Kinder mit sensorischen Integrationsstörungen fallen in ihrem alltäglichen Tun und Handeln, in ihrem Spiel- und Lernverhalten und durch ihre Verhaltensweisen auf. Somit bieten Alltagsbeobachtungen eine Fülle von Hinweisen auf sensorische Integrationsstörungen, die man aufgreifen und gezielter beobachten kann. Einzelbeobachtungen sind aber wenig aussagekräftig. Man muß das Kind in unterschiedlichen Zeiträumen und Situationen beobachten (z.B. an verschiedenen Tagen), um verläßlichere Aussagen machen zu können. Je mehr Bereiche auffallen, desto größer sind die Auswirkungen auf die Gesamtentwicklung des Kindes. Die Bedeutung der Alltagsbeobachtung liegt darin, daß man durch sie zuerst auf die Kinder aufmerksam wird, die in ihrer Entwicklung beeinträchtigt erscheinen. Im Kindergarten fallen diese Kinder z.B. dadurch auf, daß

- sie beim Frühstücken oft die Milch neben die Tasse schütten oder die Tasse beim Einschütten umwerfen;
- sie es nicht schaffen, einfache Bastelarbeiten selbständig zu planen und auszuführen;
- ihre Stifthaltung beim Malen oft sehr verkrampft wirkt;
- ihnen beim Malen oft die Spitze des Stiftes auf Grund des zu hohen Schreibdrucks abbricht;
- der Pinzettengriff noch nicht gelingt, die Kinder den Stift z.B. zwischen Mittel- und Ringfinger halten;
- sie trotz intensiven Übens die Farben schnell „vergessen", sich Lieder, Verse und ähnliches schlecht merken können;
- sie oft bestimmte Spielgeräte wie Klettergerüste, Schaukel, Rutsche meiden;
- sie keine altersentsprechende Bewegungskoordination und Geschicklichkeit zeigen;
- sie nur ungern malen und basteln;
- ihnen das Ausschneiden mit der Schere Schwierigkeiten bereitet;
- sie Sprachauffälligkeiten haben (z.B. Lautbildungsschwierigkeiten, verwaschene Aussprache);
- sie einen zugeworfenen Ball schlecht auffangen können;
- sie nicht oder nur schlecht auf einem Bein hüpfen können;
- sie auf Berührungen ängstlich oder aggressiv reagieren;
- sie bei Singspielen einen Klatschrhythmus nicht mitklatschen können;
- sie komplexere Anweisungen bzw. Aufforderungen nicht verstehen;

- sie Körperteile (Augen, Nase, Ohr, Mund) nicht zeigen können;
- sie beim Treppensteigen Schwierigkeiten haben, indem sie nicht die Treppe hinauf oder hinunter gehen können, ohne sich festzuhalten;
- das An- und Ausziehen lange dauert;
- Zeichnungen von Menschen sehr ungenau und undifferenziert ausführen (Kopffüßler, Fehlen wesentliche Körperteile);
- in den Kinderzeichnungen überkreuzte Linien fehlen.

Da Beobachtungen der Kinder durch die Erzieherinnen aber weder objektiv noch umfassend sind, sondern immer auch von eigenen Einstellungen, Bewertungen und Normvorstellungen abhängig sind, ist es sinnvoll:

- Beobachtungen im Kollegenteam zu besprechen;
- einen Erfahrungsaustausch über Beobachtungen mit einer Kollegin/einem Kollegen anzustreben, die/der das Kind ebenfalls kennt. So können Fehlerquellen reduziert werden. Kinder mit sensorischen Integrationsstörungen haben aber auch gelernt, diese geschickt zu kaschieren, indem sie Spiele oder Tätigkeiten, die bestimmte Fähigkeiten verlangen, vermeiden oder sich durch Ausreden davor drücken. Oft versuchen sie ihre Schwierigkeiten auch durch Leistungen in anderen Bereichen, in denen sie durchaus erfolgreich sind, zu kompensieren. Da Kinder dazu neigen, jene Aktivitäten zu umgehen, in denen sie nicht so erfolgreich sind wie ihre Alterskameraden, ist es deshalb auch wichtig, auf jene Bereiche zu achten, die das Kind vermei-

det. Zur genauen Beobachtung des Entwicklungsstandes eines Kindes kann es deshalb auch hilfreich sein, die Kinder mit bestimmten Aufgaben bzw. Anforderungen zu konfrontieren, in denen ihre Stärken und Schwierigkeiten sichtbar werden. Diese Form der strukturierten Beobachtung kann die Alltagsbeobachtung sinnvoll ergänzen.